NERI POZZA
I COLIBRÍ

IL TEMPO STORICO
a cura di Pier Luigi Vercesi

Della stessa autrice:
Lady Montagu e il dragomanno
Viaggio avventuroso alle origini dei vaccini

ISBN 978-88-545-2687-7

www.neripozza.it

MARIA TERESA GIAVERI

NEI MARI DI ULISSE

Sulle tracce di Omero alla scoperta di Palmira

NERI POZZA EDITORE

Sommario

Invito al viaggio

E il sole è un lampo giallo al parabrise.

PAOLO CONTE

Ci sono viaggi in mare fatti di onde turchine, di venti che spirano piú forti – e ti vola il cappello, poi ti sbattono i lembi della giacca, e infine la nave comincia a rollare e allora è meglio scendere in cabina e sdraiarsi con un libro in mano.

Ci sono viaggi in mare fatti di parole, come quelle che si allineano sulla pagina del libro che stai per cominciare a leggere – parole viola e azzurre, dorate come trecce di Sirene o rosse per il sangue che sgorga dalla spada confitta, fino all'elsa, in un petto (tu ne segui il fiotto con l'affascinato sgomento di un lettore comodamente disteso).

Sappiamo che un certo viaggio fatto di onde turchine è stato progettato a lungo: sognato in eleganti interni londinesi, fra legni lucenti e scoppiettii aromatici nei caminetti, messo a punto nelle dolcezze di un autunno romano, quando ai tre inglesi che preparano la spedizione si è aggiunto un architetto piemontese… e sappiamo che è cominciato infine una sera del 1750, nel magico semicerchio del golfo di Napoli. La nave noleggiata a Londra è già in porto da qualche giorno: i quattro hanno brindato mentre il sole cominciava a calare e il capitano li invitava a bordo. Li immaginiamo mentre lasciano l'albergo e uno di loro ripiega frettolosamente la mappa del Mediterraneo, bagnata dal fondo di qualche bicchiere mentre gridavano: «Urrà!» Il Mediterraneo sarà il luogo del loro piacere: la Grecia, la Troade, la costa anatolica, l'Egitto – tutte le terre evocate dal poeta che è la loro passione profonda: Omero. Poiché, se è vero che le eleganti cabine in cui scendono appaiono interamente tappezzate di libri, sono due i volumetti in trentaduesimo che si alternano nelle loro tasche: *Iliade* e *Odissea*.

Ed ecco l'altro viaggio in mare – quello fatto di parole viola e azzurre, oro e porpora.

Sono innanzitutto le parole di Omero, infinitamente udite, lette, commentate: hanno consegnato ai posteri le immagini di una terra percorsa da eserciti fiammeggianti di bronzo, di una città dall'alta rocca di cui non resterà che cenere; poi quella di un mare «colore del vino», risonante di onde, di canzoni, di storie. Saranno le sue parole a guidare la nave dei quattro avventurosi da Napoli a Smirne a Costantinopoli, dalle spirali del fiume Meandro alla foce del Nilo, fino alle candide, marmoree città sepolte nella sabbia e nell'oblio.

Le parole generano traversate, le traversate lasciano tracce di parole.

A bordo del trealberi *Matilda* i viaggiatori inglesi prendono note su taccuini personali, poi coordinano e sintetizzano le osservazioni in un unico *logbook*; anche le cavalcate nei deserti, gli scavi sui siti archeologici diventano diari, mappe e disegni accuratissimi. Ne nasceranno alcuni libri, famosi nel Settecento fino a promuovere multiple traduzioni e a suscitare edizioni pirata: libri sulla scoperta di Palmira e di Baalbeck, destinati a crearne il mito e a influenzare a lungo l'estetica europea; saggi sul genio di Omero che apriranno il dibattito sulla «questione omerica».

Quasi tre secoli dopo la loro spedizione, si aggiungono – a raccontarla – le parole di questo libro.

La rotta, le soste, le visite alle città costiere e le esplorazioni nell'entroterra vi sono fedelmente narrate in dettaglio a partire dalle note di viaggio, dal diario di bordo, dai volumi che Robert Wood – l'intellettuale del gruppo – ne aveva tratto. Ma come incontrarne gli avventurosi protagonisti? Cosí li ricordava Wood nella prefazione al suo fortunato volume *The Ruins of Palmyra*:

> Due persone, che la curiosità aveva portato piú volte a viaggiare, soprattutto in Italia, si convinsero che un viaggio, fatto come si deve nei luoghi piú notevoli dell'antichità, sulle coste del Mediterraneo, potesse essere di qualche utilità pubblica, procurando loro, al tempo stesso, piacere e saperi. Poiché avevo già visto la maggior parte dei luoghi che si proponevano di visitare, mi fecero l'onore di parlarmi del loro progetto, ed io accettai con molto piacere l'invito a parteciparvi.
>
> L'idea estremamente positiva che mi ero formato di queste due persone, che precedentemente avevo avuto occasione di incontrare diverse volte in Francia e in Italia, mi lusingava che il viaggio sarebbe stato un vero successo.
>
> La loro intima amicizia, l'amore che portavano alle antichità e alle belle arti, la loro abitudine ai viaggi erano circostanze essenziali al nostro progetto: circostanze che raramente si possono riscontrare in due persone

> che uniscano al gusto e al piacere per tali ricerche i mezzi necessari per attuarle, e che abbiano buona salute e abbastanza coraggio per sopportarne la fatica. Fummo d'accordo che non avremmo potuto fare a meno di un quarto, che stava in Italia, e di cui conoscevamo l'abilità come architetto e disegnatore. Gli scrivemmo dunque e lo ingaggiammo [...]: non potevamo trovare nessuno piú adatto alla nostra impresa[1].

Se le parole dei quattro viaggiatori – manoscritte nei diari o stampate nelle pubblicazioni di Wood – hanno costituito l'ossatura storica di questo libro, è occorsa l'immaginazione per dipingerne i protagonisti. Di alcuni di loro restano ritratti ufficiali, di tutti e quattro una documentazione relativa alle scelte biografiche ed estetiche; queste pagine li hanno poi presentati durante le lunghe ore di traversate marine o di cavalcate sotto il sole torrido, ne hanno inventato le discussioni sugli itinerari di viaggio o sulle acquisizioni archeologiche, ne hanno riscritto le formule d'uso nei rituali politici e mondani inerenti alle loro diverse condizioni sociali. Agli incontri e agli eventi attestati nei documenti si sono cosí aggiunti quelli creati per restituire i tratti di un'epoca e le possibili personalità dei protagonisti dell'avventura: la *Nota* a fine volume dettaglia con precisione quali sono i dati storici e quale l'invenzione romanzesca.

All'invenzione appartiene anche quella lettura scherzosa dell'*Odissea* che si insinua a contrappunto di molti capitoli. Studi eccellenti di antichistica fondavano certo un approccio serio e filologico ai poemi omerici – ne è documento già citato il libro di Wood dedicato al *Genio originale di Omero*; ma proprio le certezze di una passione letteraria condivisa avrebbero potuto suscitare anche la tentazione di un'interpretazione irriverente, guidata dal puro diletto di un'ammirazione assoluta quanto libera e sfrontata (nel testo si parla di una lettura «spettinata», come fosse anch'essa ispirata e percorsa dai venti marini).

L'*Odissea* non è nuova a riletture metamorfiche: si è già trasformata in viaggio ultraterreno sotto la penna di un aspro poeta fiorentino, in passeggiata dublinese, in traversata fra le isole dei Caraibi ad opera del *red nigger* Derek Walcott. E si può trasformare in nuovi, infiniti percorsi offerti al piacere del lettore: per esempio in un viaggio materiato di violenza e di seduzione sotto il segno della menzogna, disvelato per puro divertimento dallo sguardo sospettoso di un architetto piemontese e dal gusto dissacrante di un giovane esteta inglese – passeggeri che la precisione storica e la fantasia romanzesca ricreano intenti a chiacchierare a bordo di un veliero volto a Levante nell'azzurro di una primavera mediterranea...

PUGLIA
CALABRIE
Mar Jonio
TESSAGLIA
Mar Egeo
Pr. Sigeo
Costantinopoli
M. di Marmara
Gallipoli
Lampsaco
Troia
Olimpo della Misia
Scamandro
Mitilene
Pergamo
ANATOLIA
Smirne
Chio
Sardi
Meandro
Atene
Efeso
Samo
Hierapolis
Delo
Priene
Mileto
Guzel Hissar
Bodrum
Rodi
Rodi
Mare Asiatico
CILICIA
Creta
Cipro
SIRIA
Palmira
Mar Mediterraneo
Matilda
Beirut
Baalbeck
Damasco
Convento di Monte Carmelo
Nazareth
Tiberiade
TERRA SANTA
Gerusalemme
BARCA
Alessandria
EGITTO
Il Cairo
0
125
250 KM

1. *Dalla nave* Matilda

> Our ship the *Matilda* about 160 Tons, Richard Puddie Commander, joyn'd Us at Naples the latter end of April. We judg'd it necessary to make some additional Accommodations in Her, which detayn'd Us there till Tuesday May 5th N.S. 1750, when [...] we set sail from thence at seven o'clock in the Evening ditto, with a fair Breeze[1].
>
> Diario di bordo di JAMES DAWKINS

Il 5 maggio 1750 il trealberi *Matilda* salpò da Napoli per le terre del Levante.

Era stata una giornata di sole: una giornata splendida per iniziare il viaggio, come fece notare, passando accanto a loro, il capitano Puddie.

Appoggiato all'impavesata, gli occhi fissi sul profilo del Vesuvio, James Dawkins sembrò non sentire; ma il gentiluomo al suo fianco rispose con un cenno e un sorriso. E all'improvviso si levò il vento, chiassoso nelle vele come una banda musicale, mentre il golfo che li circondava, ancora roseo di tramonto, si faceva pallido e terso, azzurrandosi rapidamente con il brillio di un diamante.

Il capitano Puddie proseguí verso prua. Aveva efficacemente condotto a Napoli la nave noleggiata dai due gentiluomini a Londra, tracciato la nuova rotta, completato l'equipaggio con marinai locali. Ed era fiero del *Matilda*, che aveva affrontato forti tempeste all'altezza della Bretagna e prima di Gibilterra, uscendone indenne. Lo sentiva ora muoversi veloce verso il mare aperto; lo sapeva elegante di legni, ben armato di cannoni, il ventre colmo di oggetti preziosi – vesti e vasellame, spade ingioiellate destinate in dono ai pasha turchi, e soprattutto libri – un'ampia biblioteca specializzata, da fare invidia ai classicisti di Oxford o ai membri della Society of Dilettanti.

Si potevano definire «dilettanti» gli inglesi che avevano progettato la spedizione? Puddie non ne era sicuro. Per appartenere a quel club esclusivo, nato da una ventina d'anni, che teneva riunioni in taverne e sperperava denaro per promuovere in Inghilterra strane rappresentazioni musicali dette «opera italiana», occorreva essere nobili, ricchi e reduci da almeno un Grand Tour in Italia. I due giovani che ora chiacchieravano, protesi verso il profilo impennacchiato di quello che i locali chiamavano «'a muntagna», probabilmente ne facevano parte – ricchissimi, laureati a Oxford, eccellenti conoscitori d'arte. Ma il terzo, quel premuroso Robert Wood che li stava ora raggiungendo? Aveva condotto con sé un solo servitore, di contro ai tre domestici che James Dawkins e l'amico John Bouverie giudicavano indispensabili per la cura di un gentiluomo. Ed era un professionista, si vedeva, abituato ad accompagnare nobili inglesi in quei percorsi mediterranei necessari alla loro educazione o richiesti da qualche funzione diplomatica. Conosceva bene l'Italia, la Grecia, la Turchia e aveva passato l'inverno a Roma, pianificando con Dawkins e Bouverie ogni tappa del futuro viaggio verso la Troade, sulle orme di Omero. I rapporti fra di loro, però, non erano affatto quelli che intercorrevano di solito con un sottoposto: benché fosse un po' piú anziano, Wood aveva gli stessi modi disinvolti in uso fra i due oxfordiani. Puddie l'aveva sentito apostrofare Dawkins «Jamaica», il soprannome che i compagni d'università avevano coniato per il fortunato erede di vaste piantagioni tropicali.

Ma se Wood era difficile da collocare socialmente, per il quarto membro del gruppo non c'erano dubbi. Il capitano aveva avuto subito per lui il rispetto egalitario che riservava ai lavoratori che facevano al meglio il loro mestiere. Assunto come disegnatore delle antichità classiche che sarebbero state visitate durante il viaggio, Giovanni Battista Borra era un architetto piemontese di eccellente reputazione, ben consapevole del proprio valore. Aveva fatto scandalo il suo rifiuto di partecipare a un'altra spedizione inglese in Grecia, partita l'anno prima, per un disaccordo sulle condizioni economiche. Anche l'intervento del sovrano sabaudo non aveva piegato Borra, che aveva accettato invece questo viaggio, soddisfatto dei munifici compensi che erano abituali da parte di Dawkins e Bouverie. Dei quattro, Borra era il piú anziano e schivo; ma anche a lui era riservato un soprannome (Puddie aveva udito un inspiegabile «Torquilino») e una familiarità di modi a cui a volte sembrava sottrarsi raccogliendosi a disegnare, il volto chino sull'album, la fronte corrugata.

Eccoli salutare tutti insieme il golfo di Napoli, disperdendosi poi come i quattro venti a cui, in cuor suo, Puddie li aveva paragonati – o ancor meglio, le quattro stagioni: John Bouverie esile e gentile, James Dawkins ardente e generoso, Robert Wood abile pianificatore dagli esiti fecondi e il rigido Giovanni Battista Borra, l'unico barbuto, l'unico silente.

L'appuntamento era mezz'ora dopo, nel quadrato. Il capitano Puddie non vi avrebbe partecipato, ma sarebbe sceso per qualche conferma sulla routine da rispettare nella navigazione verso la terra di Omero.

I pasti, per esempio. Wood gli aveva trasmesso il cortese invito dei due armatori a sedersi alla loro tavola (ben provvista secondo le indicazioni del cuoco francese); ma gli orari dell'aristocrazia inglese collidevano con i ritmi dei suoi doveri. Puddie prevedeva con disagio di pranzare al tramonto e di cenare nel cuore della notte... anche se sarebbe stato ancor piú imbarazzante rifiutare l'invito. Accennò con discrezione al problema e fu rassicurato da un cordiale: «Non si preoccupi!» Ci avevano già pensato e avevano deciso di adattarsi a orari piú mediterranei. In fondo – e il sorriso di Bouverie si allargò – sarebbe stato un peccato non profittare pienamente delle mattinate solari che li attendevano sul mare.

Qualche ulteriore dettaglio fu sistemato rapidamente. Un bicchiere della staffa, un augurio di buon lavoro, e Puddie se ne andò, lasciando con rammarico quel clima di entusiasmo che sembrava far vibrare i tre loquacissimi inglesi raccolti intorno al tavolo coperto di libri. Borra era invece seduto di lato, un notes fra le mani, e non sollevava la testa alle citazioni greche che rimbalzavano nella stanza.

«Ripartiamo dunque con l'*Odissea*» disse James Jamaica Dawkins.

Erano state appassionanti le ore passate a Roma a pianificare gli approdi e le esplorazioni (sulla scorta di Strabone e di Plinio, ma soprattutto dei moderni resoconti *of the East* di Norden e di Pococke – quelli che la spedizione si riprometteva di verificare, integrare e al caso correggere); ben piú entusiasmanti, però, i lunghi pomeriggi che li avevano visti rileggere e discutere, libro dopo libro, tutta l'*Iliade*. Avevano riservato l'*Odissea*, storia di mare, per i giorni di navigazione su quello stesso mare.

«Malgrado la mia ammirazione per Omero» avrebbe scritto Robert Wood, pubblicando anni dopo il resoconto di quel viaggio,

> «non scorgevo prima della nostra spedizione tutto il fascino dell'*Odissea*: dato che questo poema dipinge una vita domestica, le sue bellezze sono piú locali; minuti dettagli che è difficile immaginare. [...] È forse per questo che l'*Iliade* è stata giudicata superiore all'*Odissea*, opinione che sarà sempre piú accreditata, a mano a mano che ci si allontanerà dal secolo del Poeta»[2].

Il paragone fra l'*Iliade* e l'*Odissea* apriva ora le discussioni dei presenti. Robert Wood storicizzava i giudizi di valore, sostenendo che, proprio perché descriveva quadri di vita quotidiana, l'*Odissea* probabilmente era stata piú apprezzata ai tempi omerici: «E lo è meno ora, perché siamo piú lontani da quel mondo». Ma anche l'*Iliade* soffriva della differenza di costumi che rendevano intollerabili certi gesti, come i sacrifici umani al momento dei funerali di Patroclo. Omero era un genio inarrivabile, che parlava però con la voce di un'epoca barbarica – avevano proclamato i suoi migliori traduttori, in Francia come in Inghilterra. «Testimone di un'era lontana, maestro per tutte le epoche» sintetizzò Wood. E non mancò di citare lo scambio di lettere fra due intellettuali di Baghdad, di cui aveva avuto recentemente copia: in risposta all'amico musulmano che portava la bellezza del *Corano* a prova della verità della sua religione, il cristiano aveva risposto: «Bellezza? Ma allora, meglio di Omero che cosa c'è?»

Tutti applaudirono l'eleganza laica della soluzione.

E finalmente le mani si protesero verso i testi, e vennero aperti tomi in greco oppure con l'inglese e il francese a fronte.

«*Andra moi énnepe, Musa...*» cominciò a leggere Dawkins, scandendo via via i primi esametri. «Come l'*Iliade*, l'*Odissea* comincia con l'invocazione alla Musa, a cui si chiede di ripercorrere la storia di un uomo – *andra...* a questo accusativo è accostato un qualificativo difficile da tradurre: multiforme, versatile, molteplice, abile nel fingere – ehi, guardate, *versutum*, svelto a volgersi dove gli conviene, propone Livio Andronico (le mani di Jamaica trascorrevano agili fra volumi in diverse lingue); e anche *semper paratum*, pronto a tutto, suggerisce il mio latino. Un uomo che ha partecipato alla distruzione di Troia e che molto ha vagato, conoscendo popoli diversi e diversi modi di pensare – un uomo che ha sofferto ed è rimasto senza alcun compagno.

«Ma, come sappiamo, i primi canti del poema ci presentano tutt'altro panorama, senza vagabondaggi né avventure marine: siamo a Itaca, l'isola da anni priva del suo re, partito per una grande guerra da cui non ha fatto ritorno. E dove il suo erede, Telemaco, quasi giunto alla maggiore età, potrebbe finalmente prendere quel potere che l'abilità della madre Penelope gli ha conservato. Ma da qualche anno c'è una banda di pretendenti – nobili di grandi famiglie che tramite le nozze con Penelope potrebbero conseguire il tanto ambito ruolo regale. E che hanno scoperto, purtroppo, l'inganno con cui lei li sta tenendo a bada e che...»

«Un momento» intervenne a sorpresa la voce profonda di Borra. «Non capisco bene. L'*Iliade* raccontava un episodio della guerra di Troia: e cominciava dichiarando appunto di cantare quell'episodio, l'ira d'Achille. Perché qui non dice che canta il ritorno di Ulisse? Anzi, per un bel pezzo neppure nomina Ulisse...»

Era seduto un po' a lato del tavolo, ed aveva tratto un'edizione del poema con la traduzione di Pope. Il dito era ancora sul primo verso: «Qui dice di cantare *The man for wisdom's various arts renown'd.* Io non so il greco. Qual è la parola per indicare quell'uomo? Quella parola difficile da tradurre?»

«*Polytropon*» rispose Wood con tono didattico. «*Polys*, come è noto, vuol dire molto, e *trop*...»

«Capito» disse Barra in italiano, e scoppiò a ridere. «Politrappolone».

Tre paia di occhi (azzurri, azzurri, bruni) si volsero perplessi verso l'architetto.

Lui fece un vago gesto, senza indugiare a spiegarsi. Ridacchiava ancora, con un borbottio di parole italiane mascherato dalla barba, mentre Dawkins ripeteva l'aggettivo omerico e riprendeva a discuterne la traduzione; aveva scovato addirittura un passo di Platone, che lesse compiaciuto e tradusse: «Ora sí, Ippia, mi par di capire quel che dici: tu per *polytropos* intendi menzognero».

Dalla bottiglia ambrata che faceva il giro del tavolo, sospinta a gara dagli indici degli interlocutori, e che era arrivata alla sua altezza, Borra si versò un piccolo bicchiere e, con un brillio divertito nello sguardo, l'alzò in direzione di Dawkins. Si ricompose nel solito sembiante contegnoso, pur conservando un mezzo sorriso: «Ma, allora, quando finalmente si parlerà del ritorno di quell'uomo *polytr*... come avete detto?»

«Dopo, dopo, Torquilino, nel tredicesimo libro» gli rispose velocemente Wood, reimmergendosi nella discussione linguistica che impegnava gli altri due.

Borra depose il bicchiere, si allontanò ancor un poco dal tavolo e aprí il suo Omero, cercando il libro XIII.

Odissea, libro XIII

L'avventuriero che giunse a Itaca e si rannicchiò a dormire sulla spiaggia si chiamava forse Ulisse?

Era stato un guerriero, si vedeva. Cicatrici sul corpo, e mani possenti.

La testa era nascosta contro il braccio. Solo quando la sollevò, si disegnò il taglio deciso della bocca e si videro gli occhi inesorabili, appena nebbiosi di risveglio.

Si alzò sui ginocchi: il luogo gli era sconosciuto.

Cercò subito i doni che aveva conquistato e infiorato di storie meravigliose, i doni che avevano viaggiato con lui sulla nera nave, i doni che dovevano essere lí vicino al suo corpo addormentato. Li vide in un mucchio ai piedi di un ulivo. Li contò. E di essi nulla mancava.

Alzando lo sguardo, distinse scogli franti di caverne, cime d'alberi, lo sbocco di un sentiero. E un ragazzino che scendeva, ben vestito e calzato, come sogliono esserlo i figli di principi quando pascolano le greggi. Fu perciò riguardoso il modo con cui gli si rivolse, chiedendogli il nome del luogo.

L'altro sorrise nella risposta: «Scherzi, straniero, o vieni da molto lontano? Questa è una terra ben nota, ricca di grano e vino, buona pastura di capre e buoi, pur se impervia ai cavalli. Anche nella lontana Troia conoscono il nome di Itaca».

Sfavillarono gli occhi dello straniero. Ecco il posto, il modo, l'idea.

Quando, nella sua mente abile alle soluzioni, agile alle menzogne, brillava la luce di un'idea, era come se una dea gli apparisse. Una divinità in cui si traducevano la forza e la bellezza dell'umano intelletto: con tutta la complessità della donna, con la virilità del guerriero. L'idea balzò armata dalla sua testa.

Il ragazzo continuava a parlare, rivelandogli nomi di Paesi e di persone: chi era stato il re dell'isola, chi da qualche anno avrebbe voluto succedergli, sposandone la vedova Penelope, e anche chi abitava lí vicino, oltre il boschetto. Lui si presentò come un assassino, perché l'altro lo temesse: gli disse di aver già ucciso chi aveva cercato di privarlo di un bottino conquistato con le armi. Lo vide allontanarsi sgomento. Cosí poté celare in una grotta oro e bronzo e vesti avute in dono; poi chiuse l'accesso con un masso, che solo mani possenti come le sue avrebbero potuto smuovere.

Questa era dunque la situazione di Itaca: nessuna notizia del re, lontano da vent'anni; un nugolo di pretendenti sgraditi, fattisi pressanti da tre o quattro anni; un erede giovanissimo e insicuro, forse addirittura fuggito per paura.

Salí il pendio.

2. *Dalla nave* Matilda *attraverso lo stretto di Messina*

We met our ship at Naples in the spring. She brought from London a library, consisting chiefly of all the Greek historians and poets, some books of antiquities, and the best voyage writers, what mathematical instruments we thought necessary, and such things as might be proper presents for the Turkish Grandees[1].

ROBERT WOOD, *The Ruins of Palmyra*

La lunga, verde striscia della costa calabra, le macchie dorate delle Eolie, la ferita infuocata dello Stromboli che squarciava la notte: il *Matilda* procedeva rapido e sicuro, qualche sosta consentiva il piacere di un'escursione o l'acquisto di dieci casse di Malvasia.

Il tempo era splendido, quel mattino: era «la gloria apollinea di un perfetto giorno di sole», come disse John Bouverie all'amico mentre salivano sul ponte. E il giorno perfetto li accolse con un'intensità turchina che smorzò loro in gola le parole; i gomiti appoggiati all'impavesata, il busto protetto dalla redingote, fissavano la distesa d'acqua che si faceva vibrante e luminosa.

«Ritornerai in Giamaica?» chiese infine John. Come al solito, i pensieri scorrevano dall'uno all'altro in un simultaneo accordo di sensazioni.

«Sai che l'avevo quasi dimenticata? Sí, fra qualche anno. E te la farò conoscere».

Il Mediterraneo riconciliava James Dawkins con l'isola natale – rinnegata nella sofferenza del distacco, nell'affollata solitudine del collegio, nell'umida identità del mondo inglese. E cancellata infine dalla caparbia volontà di non soffrire.

A chiusa dell'infanzia – è noto – si preparavano ai ragazzi due tipi diversi di condanna: per gli uni, poveri, vi era la fatica del lavoro; per gli altri, ricchi, il gelido straniamento del collegio.

Lasciata una terra calda di luce, di giochi e di affetti, Dawkins aveva vissuto dapprima con diletto l'avventura del viaggio transoceanico; poi c'erano stati gli anni di Abingdon – nella scuola diretta da Thomas Woods, detto «*Flogging Tom*». L'impostazione selettiva, il rigore degli studi, l'insistita educazione religiosa, il virile avviamento allo sport, ma soprattutto l'inflessibile bacchetta fustigante del direttore ne facevano un'istituzione particolarmente apprezzata dalle famiglie. Sopravvissuti ai morsi della nostalgia, al sadismo dei compagni e alla severità del corpo docente, i ragazzi imparavano le virtú del latino e dell'impassibilità, annodavano rapporti utili al loro futuro, si consolavano proiettandosi in anticipo le delizie di Oxford o di Cambridge.

Ed era stata poi meravigliosa la stagione oxfordiana, che Dawkins aveva protratto il piú a lungo possibile: la libertà indulgente dei Collegi Universitari, il calore delle amicizie, i piaceri condivisi della bellezza – e anche un ben diverso livello di cucina e di comfort. La morte del padre l'aveva lasciato – quale primogenito – erede quasi universale; il gusto squisito di John Bouverie – giovanissimo e già reputato collezionista d'arte – l'aveva accompagnato sulla strada di sottili appagamenti. Questo viaggio nel calore del Mediterraneo sembrava un'anticipazione del ritorno in Giamaica.

Vide che l'altro scribacchiava qualche riga su un taccuino: «Questo mare ispira versi, vero, *Nemorensis*?»

Da due anni, da quando aveva commissionato a Claude-Joseph Vernet un'intrigante *Veduta del Lago di Nemi*, John Bouverie era stato soprannominato dall'amico «Nemi» o «Nemorensis», soprattutto nei segreti momenti in cui si abbandonava all'estro poetico. Quel quadro gli assomigliava – avevano convenuto i due giovani inglesi visitando il pittore all'opera nel suo atelier di Roma. C'era eleganza di forme, ma il soffio che percorreva le fronde dei due magri alberi in primo piano suggeriva qualcosa... un'inquietudine? La bellezza del luogo, la storia oscura dei riti cruenti che vi si tenevano in onore di Diana, i colori malati del cielo percorso da nuvole leggere creavano un'immagine di tensione sospesa. Eppure non vi era nessun cupo nembo, nessun mare minaccioso, di quelli prediletti dal pittore francese: solo un piccolo lago verdastro cinto da dolci colli, un cielo giallo di sole – forse era appunto quel sole, quello strano punto di giallo...

Il sole ora scottava. Lasciarono il ponte.

Era difficile distaccarsi dal panorama per scendere in cabina o ritrovarsi nel quadrato: ma le discussioni che vi si tenevano avevano un fascino non minore dell'ipnotico Mediterraneo, sempre animate di domande, vivacemente contrastate nelle risposte. La battuta di Borra sull'identità del protagonista del poema era stata archiviata fra le risate, pur rimanendo sospesa come un sottile disagio ogni volta che l'*Odissea* riproponeva, come vanto dell'eroe, la sua abilità di menzogna. C'era stata, sí, qualche timida esplorazione in quella direzione: Wood credeva di ricordare un personaggio di imbroglione o di ladro alle radici di antiche letterature mesopotamiche – gliene avevano parlato amici orientalisti – e Jamaica, da bambino, aveva sentito storie simili fra le capanne degli schiavi. Ma loro tre erano grecisti, competenti studiosi di quella cultura perfetta che era alle origini della civiltà – fascio di luce nelle tenebre di mondi primitivi e trascurabili – e la questione era stata abbandonata per mancanza di informazioni.

Solo Borra ne sembrava memore. Leggeva e rileggeva Omero con la famelica ingenuità di un ragazzo a cui si racconti una storia affascinante, e gli capitava di porre domande che il rispetto del testo e le competenze linguistiche impedivano agli altri di proporre (anzi, neppure di concepire). Già a Roma, nelle ore di lettura in comune dell'*Iliade*, il volto grave dell'architetto era sembrato a volte ritrovare i tratti infantili di chi ascolta una fiaba. «Ha la faccia di Torquil, quando gli leggevamo le storie dei pirati» aveva commentato Bouverie con Dawkins. Ne era derivato il soprannome «Torquilino», senza che i due specificassero all'austero architetto piemontese che «l'amico a cui assomigli moltissimo» era in realtà il figlio decenne di un professore di Oxford, immobilizzato dopo una caduta, a cui i due (allora) studenti avevano generosamente tenuto compagnia per molti pomeriggi.

Il sole brillava inesorabile. Wood raggiunse i due armatori, scesi sottocoperta: ma Borra se ne schermí, preferendo restare immerso nella lettura, in un angolo d'ombra. Colletto aperto, camicia con le maniche rimboccate, spalle appoggiate a una scialuppa, sembrava un marinaio sfuggito al controllo del capitano Puddie. Le ore passavano lievi come il venticello che si era levato e gli rinfrescava la fronte.

Leggeva.

A volte alzava gli occhi dal libro e cercava il profilo di un'isola che apparisse all'orizzonte, minuscola e desiderabile come quella che aveva accolto – su una spiaggia curva e lucente, coronata di verde – un misterioso naufrago.

Poi riprendeva a leggere.

Odissea, libro XIV

Quando la macchia mediterranea si incupí in bosco, e poi si diradò in pascolo, il sentiero sbucò finalmente davanti alla palizzata.

Era una porcilaia, lo si capiva dall'odore: un vasto recinto di assi di quercia, protetto in alto da ammassi di spini; protetto anche da quattro grossi cani che si slanciarono latrando contro lo straniero apparso sulla salita.

Per un momento questi sembrò rannicchiarsi sconcertato; ma subito la voce del porcaro richiamò i cani, e qualche sassata li convinse a bloccarsi. Quelli tornarono indietro scodinzolando con aria sottomessa, mentre il loro padrone lasciava cadere il pezzo di cuoio che stava ritagliando e avanzava cordiale verso lo straniero.

«Ospiti e poveri vengono da Zeus» citò, invitandolo nella capanna. Era un tipo anziano, cortese e loquace. Continuò a parlare mentre gli accomodava un giaciglio, gli prospettava un pasto in comune, gli serviva porchetta e vino. Parlava, parlava continuamente, ricordando il signore di un tempo, che gli voleva un gran bene e certo, se fosse tornato, gli avrebbe dato «una casa, un pezzo di terra, una brava donna». Allora sarebbe stato tutto diverso per lui: il signore lo avrebbe aiutato, gli avrebbe donato «tanta roba». E invece era partito in guerra per l'onore di Agamennone e Menelao: non era piú tornato.

Lo straniero non aveva neppure bisogno di chiedere.

L'altro dettagliava il passato e il presente, come chi da tempo desiderasse nuovi interlocutori. E soprattutto parlava del suo signore, che aveva beni copiosi, quali «neppure venti uomini» potevano vantare: «Te li voglio elencare: sul continente i suoi mandriani ed altri incaricati gli pascolano dodici armenti, altrettanti greggi di pecore, e di capre e mandrie di porci. E poi qui, nella parte estrema...»

Il porcaro descriveva con precisione rabbiosa le greggi da cui ogni giorno i pastori dovevano prelevare i capi migliori; come faceva lui stesso, a cui ogni giorno toccava di scegliere il maiale piú grasso e mandarlo alla reggia, per una banda di pretendenti che «non vogliono fare la corte alla regina secondo l'usanza» e neppure tornarsene a casa davanti al suo rifiuto. «Stanno là tranquilli, divorando con arroganza e senza risparmio la roba».

La roba, la roba: tutta roba di Ulisse, che in piccola parte – sí, minima, ma purtuttavia... – sarebbe stata anche a beneficio del porcaro Eumeo, che gli era fedele, che se la meritava, che era stato caro al suo cuore. Ah, se il suo buon padrone fosse tornato... Gli occhi dei due uomini brillavano nell'ombra della capanna. Le parole disegnavano nell'aria la tangibile ricchezza dei branchi di bestiame: verri e scrofe, capre e agnelli e buoi; e quanti servi...

Quando il mandriano tacque, consolandosi con la tazza colma di vino, lo straniero prese la parola. Prudente, sembrò ignorare nomi e dati; prudente, fece cadere con distacco il primo seme di speranza: «Chi è il buon signore di cui sei servo? Potrei averlo visto: ho molto vagato».

L'altro pensò di doversi difendere da un vagabondo desideroso di ingraziarsi la casata di Ulisse; già erano giunti a Itaca viaggiatori pronti a inventare storie di incontri e la regina li ricompensava.

«Anche tu inventeresti un racconto, se qualcuno ti donasse tunica e mantello. Ma certo a lui cani e uccelli hanno già strappato il midollo dalle ossa, o l'hanno divorato in mare i pesci...» e di nuovo un lungo panegirico del suo signore Ulisse, un ricordo dell'affetto che questi aveva per lui.

Lo straniero sembrò cogliere solo allora il nome: e sembrò difendersi dall'accusa di mentire, spingendo piú avanti il suo gioco: «Amico, Ulisse tornerà. Solo allora chiederò un compenso. Tornerà forse prima ancora che finisca questo mese».

Come sperava, il porcaro riprese a narrare, descrivendo la situazione della famiglia reale: c'era ancora il vecchio padre Laerte, ormai senile, mentre il giovane Telemaco era partito per il continente in cerca di notizie. O forse era morto anche lui come Ulisse, caduto vittima di un agguato teso dai pretendenti.

«E ora raccontami tu le tue sofferenze. Chi sei? Di che stirpe? Dove e da chi sei nato? Su che nave sei giunto?»

Al ragazzo incontrato sulla spiaggia lo straniero si era presentato come cretese e assassino. Ora riprese e modulò l'immagine, con qualche variazione e molti particolari. Sí, cretese, «figlio di un signore opulento e di una sua schiava». Ricco anch'egli per l'ottima dote della moglie, e soprattutto per le scorrerie militari da cui tornava con grande bottino: «Non amavo il lavoro, né occuparmi dei possedimenti o dell'educazione dei figli. Ma sempre mi erano care le navi e le battaglie e le lance affilate e le frecce – armi letali che incutono terrore».

Raccontando, si dilungava sulle razzie: «Quando

sceglievo i piú forti e li guidavo all'agguato, mai il pensiero della morte mi turbava l'animo; ma balzando per primo trafiggevo con l'asta il nemico in fuga». Assalire, uccidere e depredare: *«Nove volte guidai gli armati e le rapide navi contro uomini di altri Paesi, e molto predai: cosí la mia casa fioriva».* Poi c'era stata la lunga, obbligata partecipazione alla guerra di Troia con il contingente cretese, e al ritorno la noia della pace (*«i figli, la sposa, gli averi: restai un mese»*). Il piacere sanguinario dell'avventura aveva rapidamente preso il sopravvento: *«Il cuore mi spronò ad armare le navi e a navigare verso l'Egitto».* Ma la scorreria in quel Paese (che nel racconto è disinvoltamente attribuita all'iniziativa dei propri compagni: *«devastavano i campi, rapivano le donne e i bambini, uccidevano gli uomini»*) si tramuta in disfatta; scontratisi con l'esercito possente e ben organizzato del re egizio, i razziatori vengono uccisi o catturati. Allora rapidamente il loro capo cambia pelle: *«Io mi tolsi l'elmo, corsi incontro ai cavalli del re; baciai le sue ginocchia e lui ebbe pietà...»* Che cosa racconta al faraone non è detto, ma il risultato è sorprendente; per sette anni *«ammassai tra gli Egizi molte ricchezze: me ne davano tutti».* Dettagliato nei lontani anni trascorsi a Creta, il discorso si fa vago nella descrizione dei tempi piú vicini: come accumula ricchezze in Egitto, e perché lascia il Paese per seguire un infido mercante fenicio? Liberatosi da lui grazie a un naufragio e approdato al sicuro, come mai vede ripetersi identico il meccanismo di perfidi marinai che, al pari del mercante, lo imbarcano a tradimento per venderlo schiavo?

Mentre la storia narrata si fa progressivamente ambigua, non manca l'occasione per ribadire che Ulisse è *vivo: lo si è visto in Epiro, si dice che sia andato a consultare l'oracolo di Dodona.*

L'incredulità del porcaro Eumeo permane. Ma le ore passate in reciproci lamenti hanno trasformato l'ospitalità in cameratismo. Quando rientrano i mandriani spingendo le scrofe nel recinto, la cena comune è importante come il banchetto che si offre a un convitato di rango: si scanna e squarta un grasso porco, se ne abbrustoliscono i pezzi cospargendoli di farina d'orzo, si offre il dovuto agli dèi (le ninfe del luogo e, curiosamente, Ermes – dio dei viaggi e della menzogna) e, nella spartizione, un bel filetto è posto davanti all'ospite. Un servo, che il porcaro si era comprato con i suoi risparmi «senza ordine della padrona e del vecchio Laerte», distribuisce il pane; Eumeo passa in giro il nero vino.

Al momento di coricarsi, poiché la notte è fredda e ventosa, un racconto abilmente improvvisato, che lo descrive astuto compagno di un astuto Ulisse in occasione di un agguato durante la guerra di Troia, permette all'ospite di ottenere anche un caldo mantello. Tutti si addormentano infine, tranne lo scrupoloso porcaro che preferisce spostarsi vicino agli animali da sorvegliare: si arma di una picca e raggiunge la zona dove «i porci dalle bianche zanne dormivano, al riparo dalla tramontana».

Tutta la notte la pioggia batte sul tetto della capanna.

3. *Dalla nave* Matilda

Pangur Bán and I at work,
adepts, equals, cat and clerk:
his whole instinct is to hunt,
mine to free the meaning pent[1].

Manoscritto irlandese del IX secolo,
traduzione di Seamus Heaney

Tutta la notte, la pioggia martellò pesantemente il trealberi.

Le giornate di sole erano forse finite? Apollo, invertendo il corso del suo carro luminoso, lo guidava forse lontano dal Mediterraneo?

Quando, con l'aurora, il martellio delle gocce si acquetò, il cielo si mantenne grigio come una lastra di ferro. Qualche spruzzata gelida, portata da una bava di vento, si abbatteva a intervalli sul veliero, schiaffeggiando le esitanti proposte di sortita dell'irrequieto Bouverie.

Era opportuno restare al chiuso. Decisero che avrebbero protratto le ore di discussione, riprendendo innanzitutto la questione controversa che da qualche tempo avvelenava gli studi omerici: era esistito il poeta a cui si attribuiva la composizione dell'*Iliade* e dell'*Odissea*? Oppure i due poemi erano il risultato di una lunga tradizione orale, una catena di canti infine assemblata e messa per iscritto nell'Atene di Pisistrato?

Già ne avevano parlato nei pomeriggi romani, durante la preparazione della traversata, quando Wood aveva descritto i suoi incontri con cantori di poesia orale, durante i precedenti viaggi in Italia e in Illiria. C'erano state le gaie esperienze con gli stornellatori toscani che «improvvisavano rimandandosi la palla come giocatori di tennis». Un ritmo preciso dettava le regole e per il resto la libertà sembrava totale. A volte erano temi amorosi, abbastanza convenzionali, a volte testi beffardi, riferiti a personaggi o situazioni locali. Wood ricordava con diletto «l'aria di festa in paese, e le voci che cantavano a turno». Diverse le atmosfere da lui vissute «durante un viaggio da Venezia a Costantinopoli, in una lunga deviazione verso l'interno a partire da Durazzo: lí il clima era solenne, quasi liturgico». C'erano due aedi con la *lahuta* che si alternavano. Lo strumento dava un suono cosí monocorde da riuscire ipnotico e anche le loro voci erano uniformi, artificiali, ben diverse da quelle che usavano nella conversazione. L'interprete aveva illustrato sinteticamente ai viaggiatori quelle storie tradizionali, fitte di vendette e di peregrinazioni. Wood raccontò ancora una volta l'episodio illirico, aggiungendo: «Non so se improvvisassero o se cantassero testi di qualche repertorio, magari con variazioni fatte al momento; io riflettevo che, se crediamo alla tradizione, è probabile che cosí Omero andasse a cantare i suoi poemi di villaggio in villaggio». Dei bardi erranti nelle terre d'Oriente (e non solo) avrebbe poi scritto anche nel suo resoconto del viaggio:

> Ho spesso ammirato l'azione teatrale dei poeti italiani e orientali, quando declamano all'aria aperta e creano all'istante una scena immaginaria in cui riproducono

> tutti gli oggetti descritti dalla loro poesia: ma nello stesso tempo si impadroniscono di quelli che può scoprire l'uditorio; li applicano al loro soggetto, li compongono tutti insieme nel luogo stesso in cui sono riuniti gli astanti[2].

La discussione si fece vivace. L'esistenza di tradizioni orali – sintetizzò infine Bouverie – non contrastava con l'idea di un unico autore, un poeta che le avrebbe raccolte, selezionate, armonizzate in una grande opera. Omero era il frutto, maturo e perfetto, di un albero secolare.

Jamaica fece qualche obiezione, per il piacere di misurarsi con lui in un dibattito, come ai tempi di Oxford: ricordava che un analogo problema era stato proposto proprio nei loro anni universitari da un compagno di studi che usava sfidare i devoti di William Shakespeare a colpi di citazioni latine, greche e italiane, che definiva «fondamentali per quel teatro, ma inintelligibili per la povera cultura del povero Willie (Ricordi, ricordi, Nemi? Non diceva cosí?)»; era solito argomentare per intere serate, ferocemente convinto che l'opera del Bardo non potesse appartenere a un «giovane che si guadagnava da vivere a Londra prendendosi cura dei cavalli dei gentlemen che si recavano a teatro (Te lo ricordi? Non diceva sempre cosí?)»

John Bouverie aveva solo una vaga reminiscenza dello studente provocatore («... quel tipo grassoccio del Balliol, vero?»); anche della questione si era poco interessato.

«C'è da riflettere» incalzava Dawkins. «Se sorgono dubbi su un autore inglese di due secoli or sono, vissuto in un mondo progredito e dotato di torchi da stampa, come potremmo deliberare a proposito di poemi da cui ci separano millenni, e forse composti in epoche e in Paesi in cui non c'era neppure la scrittura?»

La risposta venne aggirata da un sorriso malizioso: se la bellezza di un testo poteva essere addotta a prova della verità di una religione – come qualcuno aveva detto pochi giorni prima, vero? – a maggior ragione era documento indiscutibile dell'esistenza di un autore. E della bellezza John Bouverie era non solo un cultore, ma un campione ammirato e un esperto riconosciuto. Anni dopo, nel presentarlo all'inizio del suo resoconto, Wood avrebbe scritto:

> Quasi tutto ciò che concerne le curiosità della natura e dell'arte era oggetto delle sue occupazioni personali; e aveva acquisito tante competenze nei diversi viaggi che aveva fatto a Roma che il suo parere in questo campo faceva autorità fra gli esperti locali; anche la sua collezione di disegni, medaglie, cammei e pietre preziose incise testimoniava il suo gusto[3].

«Miei cari» intervenne Wood, usando l'appellativo citato nei dialoghi omerici (Borra lo trascrisse subito nel suo quadernetto, che stava trasformandosi in quel libro di lingua greca che gli era mancato nel percorso scolastico: «*o fíloi,* miei cari»), «ho qualche idea in proposito». Si alzò, prese una mappa e la dispiegò sul grande tavolo. Si volse poi a Borra: «Sei arrivato al quindicesimo libro?» gli sussurrò.

«Certo».

«Miei cari, rileggiamo insieme parte del libro quindicesimo, se non vi dispiace».

Odissea, libro XV

A Eumeo la compagnia dell'ospite è gradita. Il vagabondo ascolta bene, racconta bene, collabora con l'abile porcaro nel preparare il cibo. Perché dunque a un tratto dice che vuole lasciare la capanna per andare a mendicare «nella casa del nobile Ulisse», quel luogo ostile, pieno di pretendenti violenti assecondati da servi arroganti?

La speranza del ritorno di Telemaco (partito in cerca di notizie sul padre, o meglio partito per proteggersi dai pretendenti al matrimonio e al regno) sorregge le giornate di Eumeo: l'invito a restare, da lui rivolto all'avventuriero cretese, è quasi scaramantico: «Quando verrà il figlio di Ulisse, sarà lui a darti tunica e mantello».

Cosí il dialogo continua e, in risposta alle domande dell'ospite – precise nella loro apparente noncuranza – la situazione locale è accuratamente dettagliata: la madre di Ulisse è morta e il padre Laerte è cosí consunto dagli anni e dal dolore che desidera solo morire – è come se non ci fosse. Da qualche anno ormai anche Penelope, la regina, non dà piú ordini né doni ai servi, imprigionata com'è nella propria casa da quella massa di prepotenti. Insomma, nessuno piú gestisce i beni di Ulisse, soggetti solo allo sperpero fatto dai pretendenti.

Le ore passano lente («queste notti sono infinite») mentre il racconto del porcaro si fa personale: già aveva detto che era stato allevato dalla madre di Ulisse, in famiglia. Ora narra la parte piú dolorosa della sua storia: quando, bambino, era stato rapito da marinai fenici, con la complicità di una schiava. Lei era la sua nutrice e cosí si era fidato, malgrado avesse assistito al suo complottare col marinaio che l'aveva sedotta e l'avesse vista anche rubare delle coppe preziose dalla mensa paterna. Troppo piccolo per capire, affezionato e ignaro, l'aveva seguita sulla nave dove lei era morta dopo una settimana di navigazione, lasciandolo afflitto e solo. Il vento e il mare avevano spinto infine la nave a Itaca, dove era stato venduto schiavo al re Laerte. Eppure era nato figlio di sovrani: suo padre regnava sopra l'isola di Siro, «terra buona, ricca di pascoli e di greggi, di viti e di grano». Un'isola feconda, non popolosa ma con ben due città – situata «oltre Ortigia, dove sono i solstizi».

Prima in greco, poi in inglese, Wood rilesse gli ultimi versi: «Ritengo che questi esametri contengano un indizio prezioso sull'identità di Omero». Si risedette. «Ricorderete le osservazioni fatte quando, a Roma, abbiamo commentato il catalogo delle navi nell'*Iliade*, con i nomi dei vari re e popoli della Grecia. Erano citate certe isole del mar Ionio (consultò le sue note: «Ecco, le Echinadi») con una formula comprensibile solo se si parla a gente che sta in Anatolia».

«Ricordo» intervenne Dawkins «ma non ci eravamo soffermati sulla questione perché il catalogo delle navi è un testo sospetto, con chiare possibilità di interpolazioni al momento della trascrizione».

«Vero» riprese Wood. «Ecco però qui, nel quindicesimo libro dell'*Odissea*, una frase decisiva. È Eumeo che spiega all'ospite:

> "C'è un'isola detta Siro, se mai ne hai sentito parlare,
> oltre Ortigia, dove sono i solstizi".
> (xv, vv. 404 e 406)

«Sappiamo che Ortigia è nome dato a molte isole nel Mediterraneo, sia in Grecia che in Italia. Qui tutti i commentatori convengono che debba trattarsi di Delo, che è in effetti prossima all'attuale Siro. Ma i commentatori e i traduttori dissentono fra di loro a proposito dell'emistichio "dove sono i *tropai eelioio*, le svolte del sole, i solstizi". Ho riletto le opposte interpretazioni di Bocart e di Perrault, di Pope e di Madame Dacier, nessuno dei quali, peraltro, si è mai mosso dal proprio Paese per controllare. Ma io sono stato in Grecia e in Anatolia e questo mi ha aiutato: ora sono convinto che solo dalla costa anatolica si possa descrivere cosí il solstizio d'inverno».

Parlava con fermo convincimento, puntando il dito sulla mappa e poi aprendo quaderni personali che aveva portato con sé. Come tutti ben sapevano, era già approdato piú volte su quelle terre, con vascelli inglesi e francesi. Sbarcando a Smirne otto anni prima, aveva annotato:

> L'aspetto del mare (contemplato da questa costa e dalle isole vicine) rapisce lo spettatore [...]; l'occhio va a occidente, e incontra ovunque il piú bell'orizzonte immaginabile: al tramonto, l'atmosfera è limpidissima, e si riversa sugli oggetti una luce cosí brillante che dalla cima dell'Ida [si scopre] distintamente la forma del [monte] Athos dall'altra parte del mare Egeo, quando l'astro si riposa la sera dietro quella montagna[4].

Chiuse il vecchio diario: «È dalle alture di Smirne e di Chio che, guardando verso sud-ovest, si può vedere il sole tramontare dietro Siro, e osservare che proprio da quel punto, al solstizio d'inverno, la quadriga d'Apollo gira e comincia il suo viaggio inverso, come quando, nelle competizioni, i carri giungevano alla curva e lí invertivano la direzione. Giustamente il porcaro la descrive come l'isola sopra cui avvengono le *tropai*» («svolte» scrisse Borra sul suo taccuino) «del carro solare. Un indizio nell'*Iliade*, miei cari; uno ancor piú consistente nell'*Odissea*. Ne concluderei che Omero è esistito, è stato l'autore dei due grandi poemi – certo fondati su tradizioni orali precedenti – ed è nato a Chio o a Smirne».

Un silenzio – poi un applauso.

Erano tutti entusiasti. Bouverie già tracciava un ritratto presunto di Omero, membro di quella comunità ionica che doveva essersi trasferita sulla costa asiatica da qualche generazione, ricca di tradizioni achee, aperta e attivissima (come gli attuali smirnioti, a quel che si diceva) nei commerci con i popoli vicini, Egizi, Fenici e Caldei. E poi, gli antichi non sostenevano già che fosse nato «nella rocciosa Chio» oppure presso il Meleto, il fiume su cui era stata fondata Smirne? («*Melesigenes*, della terra traversata dal Meles, dal Meleto» citò ancora Wood in tono accademico.)

Tutti prendevano note, si ripromettevano controlli e sviluppi. Nel libro che avrebbe raccontato la loro spedizione, cosí Wood avrebbe sintetizzato i frutti di quella riunione:

> Da tempo si cerca quale sia il luogo della nascita e dell'educazione di Omero: io non pretendo di rinnovare qui quest'antico soggetto di dispute, quanto di apprendere, se possibile, dal Poeta stesso in quale luogo le bellezze della natura hanno cominciato a colpire la sua immaginazione, ed egli ha riunito per la prima volta

quegli insiemi di materiali poetici che ha poi condensato in modo cosí meraviglioso sotto forma di un'opera epica che ancora mantiene il primo posto fra le produzioni di genio.

Secondo l'opinione comune – e la mia –, egli nacque in Asia, probabilmente nella Ionia o in Eolia, forse a Chio o a Smirne. Infatti, se si osserva attentamente quello che dice dell'aspetto dei Paesi costieri, sembra che abbia ricevuto le prime impressioni di questo grande spettacolo in un luogo situato a Oriente della Grecia. Questo punto di vista è necessario alla prospettiva che egli dà a certi posti di cui parla: per esempio, quando situa gli abitanti della Locride al di là dell'Eubea. Questa posizione geografica, perfettamente intellegibile a Smirne e a Chio, sembrerebbe assurda ad Atene o ad Argo.

La sua descrizione della posizione delle Echinadi «al di là del mare, di fronte all'Elide (*Iliade*, II, v. 626)» è comprensibile supponendo che il Poeta si rivolga agli abitanti della costa asiatica dell'Arcipelago, [altrimenti] la costruzione è oscura [come nell'interpretazione di] Pope[5].

«Avevamo previsto di sbarcare nella Troade, per cominciare il nostro pellegrinaggio omerico leggendo l'*Iliade* nei luoghi stessi della guerra di Ilio» disse a un certo punto Dawkins. «Ma, sulla base delle osservazioni della nostra sapiente guida, propongo di scegliere come prima meta il golfo di Smirne». Un nuovo applauso. «Avvertiamo subito il capitano Puddie».

Un cameriere fu richiamato e inviato come messaggero. La porta rimase aperta e, quasi a conferma dell'allegria generale, ecco apparire, in luogo dell'imponente capitano, la forma sinuosa del gatto di bordo, un bel soriano amichevole che si materializzò nella stanza. «Il capitano si è travestito» esclamò Dawkins ridendo.

Il gatto lo fissò, fece un rapido studio della situazione e poi marciò deciso verso Bouverie saltando sulle sue ginocchia. Nel giovane inglese l'amore per gli animali si scontrò per un attimo con la preoccupazione per l'immacolata perfezione dei calzoni di maglia, poi vinse la partita. Ma il gatto sembrò capire il dilemma del suo prescelto e svaní rapidamente, con la magica discrezione della sua razza.

4. *Dalla nave* Matilda *all'altezza di Creta*

ἐν δορὶ μέν μοι μᾶζα μεμαγμένη, ἐν δορὶ δ' οἶνος
Ἰσμαρικός, πίνω δ' ἐν δορὶ κεκλιμένος[1].

ARCHILOCO

Ancora giorni di pioggia.

Per contrastare certa subdola minaccia di tedio, i quattro avevano già anticipato l'ora consueta delle discussioni omeriche: nella tarda mattinata i camerieri disponevano bottiglie sul grande tavolo da lavoro e fissavano orinali negli appositi trespoli della stanza, dileguandosi poi con discrezione.

Giunse Borra, giunse Dawkins, schizzò dentro il gatto, seguito da Bouverie che rideva. Wood si sedette in mezzo al gruppo e indicò due tomi che aveva messo al centro del tavolo, promettendo «una curiosità interessante, che ho tenuto da parte proprio per i giorni di maltempo».

Ma una notizia portata dal secondo di bordo gli troncò la parola: «I pirati!»

Nella foschia livida della mattina, sul ponte del *Matilda* si stagliava la nera forma del capitano Puddie, con il cannocchiale puntato verso la costa cretese.

«Navi di clefti» spiegò.

Per lunghi minuti il gruppetto osservò con attenzione alcune vele che ballonzolavano sul mare color di metallo, disegnando un triangolo minaccioso intorno alla loro nave. Dawkins e Bouverie si erano già armati in cabina, e si protendevano ora sull'impavesata, eccitati come per una battuta di caccia. Ma alla proposta di distribuire le armi all'equipaggio, Puddie fece un cenno di diniego: «Basterà scoprire i nostri cannoni».

Anche Wood, buon conoscitore di quei mari, era tranquillo: «Fanno una prospezione della nave, vedono con chi hanno a che fare e sicuramente se ne vanno. Sappiamo che assaltano imbarcazioni piú piccole o disarmate. I clefti non assomigliano ai bucanieri che solcano l'oceano né ai corsari barbareschi; sono briganti locali, abituati a predare... su scala locale». Ebbe un risolino, poi si fece serio: «Ma per noi potrebbero essere pericolosi i clefti delle montagne del Peloponneso o le bande di beduini in Anatolia: dovremo farci dare una bella scorta, quando scenderemo per le esplorazioni a terra».

Di lí a poco la sua previsione fu confermata: alla vista dei cannoni, le vele finirono per allontanarsi. «Ci sentiamo contenti o delusi?» sussurrò Dawkins all'amico.

Mentre Puddie dava ordini, Wood riprese a illustrare i costumi dei briganti greci: «Né lettere patenti di corsa, né rapporti con Paesi occidentali, anche se, a volte, le loro azioni sembrano avere una certa sfumatura politica, quando attaccano e depredano qualche mercante o funzionario turco. E spesso godono della complicità del clero locale».

«Chissà!» intervenne Bouverie. «Se il Paese si risvegliasse dal suo servaggio, potrebbero divenire forze armate al servizio di un risorgimento ellenico...»

Ma Wood scosse la testa: «Troppo tempo è passato da quando Grecia voleva dire libertà e democrazia.

Ha dato al mondo una lezione fondamentale, ma altri l'hanno raccolta».

Ci fu un silenzio. La giornata si stendeva umida e plumbea davanti a loro; un accenno di schiarita faceva convergere gli sguardi verso il Levante. Nemi si staccò per primo dall'impavesata, rivolgendo un'ultima occhiata al profilo della costa da cui erano partiti i predoni. «In fondo» disse infine, rientrando seguito dai tre e riprendendo posto presso il tavolo delle riunioni, «ai tempi d'Omero doveva essere difficile distinguere fra commercianti e pirati. Anche Ulisse che, pur a guerra finita, assalta le città lungo la rotta del ritorno per prendere schiave e bottino non è diverso dal capo di una banda di clefti».

Dawkins annuí: «E ricordiamo anche quel passo, nei primi libri dell'*Odissea,* quando Telemaco va a Pilo e a Sparta per incontrare i sovrani un tempo alleati del padre. Approda a Pilo, partecipa al banchetto sulla spiaggia in onore di Poseidone, e alla fine, tranquillamente, il re gli chiede se viene per affari o se è un pirata».

«Soprattutto» confermò Nemi, sedendosi piú comodamente al tavolo delle riunioni e invitando il gatto sulle ginocchia, «ricordo che, quando il nostro naufrago sbarca a Itaca e viene ospitato dal porcaro Eumeo, gli racconta di essere un razziatore, arricchitosi con scorrerie prima e dopo la guerra di Troia; ed Eumeo non fa una piega, non si turba sapendo che l'altro è un assassino di professione, anzi lo presenterà amichevolmente a Telemaco...»

Wood aveva già aperto una copia dell'*Odissea*: «Rivediamo in quest'ottica la scena dell'incontro all'inizio del sedicesimo libro». Rabbrividí: «Questo maltempo non si decide a smettere. Facciamoci portare un grog».

Poi scelse una traduzione e cominciò a leggere con brevi commenti.

Odissea, libro XVI

Dal mare, qualcuno stava arrivando.

Fu l'uggiolio dei cani ad attrarre l'attenzione dei due uomini intenti a preparare la colazione. I mandriani erano usciti con i maiali, il fuoco era stato acceso e i due operavano concordi. «Eumeo» disse l'ospite, d'improvviso all'erta, «viene a farti visita qualcuno che conosci: i cani non abbaiano, ma scodinzolano; e sento uno scalpiccio».

Ecco una figura sulla soglia: Telemaco. È vivo ed è tornato.

La felicità di Eumeo si fa confusione: lascia cadere i vasi da cui sta versando il vino, gli corre incontro, gli bacia le mani, il capo, gli occhi, lo tiene stretto piangendo. È vivo, il suo «caro figlio»! È tornato incolume dal viaggio!

Dopo un vano tentativo di muovere gli itacensi a sostegno dei propri diritti, incapace di trovare alleati nella sua stessa isola, Telemaco si era fatto prudente: conscio dell'ostilità letale dei pretendenti, si era imbarcato di nascosto per visitare i re che erano stati commilitoni del padre. Poi, ritornato senza alcuna rassicurazione sulla sopravvivenza di Ulisse e temendo agguati, era sbarcato nella vicina baia, riparando presso il suo servo fidato, mentre la nave con i compagni proseguiva verso il porto cittadino.

È ora sulla soglia, circospetto, la lancia bronzea stretta nella mano. Non entra; chiede innanzitutto no-

tizie di casa: Penelope si è nel frattempo sposata? La rassicurazione è immediata: no, sua madre l'aspetta «con animo fermo».

Il giovane lascia l'asta a Eumeo, di cui accetta le affettuose effusioni. Lo chiama atta, *«nonno» lo sa servitore valido e sicuro. Anche lo sconosciuto che vede in casa è trattato con cortesia, e affabilmente invitato al pasto. Come dispongono le consuetudini dell'ospitalità, solo alla fine Telemaco si informa della condizione dello straniero che è stato accolto sotto il suo tetto. Eumeo sintetizza la lunga narrazione biografica che gli era stata fatta: l'ospite è un cretese ramingo e supplice.* Iketes*: la parola «supplice» conduce a un preciso codice di comportamento da parte del signore a cui ci si rivolge; e Telemaco vi ottempera, nella misura in cui la sua precaria signoria glielo consente. Gli darà tunica e mantello, spada e sandali; lo aiuterà a raggiungere la sua meta. Ma lo straniero non venga a palazzo, dove altri spadroneggiano e lui non ha potere; resti lí presso il porcaro.*

«Nessuna esitazione, come vedete» commentò Nemi. «Lo sconosciuto che si era ampiamente dichiarato a Eumeo predone cretese è presentato al principe di Itaca come ospite da aiutare».

Wood allungò la mano verso i due libri che aveva messo al centro del tavolo: «La questione mi sembra molto interessante» osservò. «Sentite come la presenta un filosofo che in Italia è considerato geniale studioso dell'antico, e di cui volevo parlarvi proprio oggi». Cercò un passo del testo; poi, aiutato da Borra, lesse e tradusse lentamente in inglese:

> Plutarco nel *Teseo* dice che gli Eroi si recavano a grande onore, e si riputavano in pregio d'armi con l'essere chiamati ladroni. [...] Ma quel che fa piú maraviglia è che Platone ed Aristotile posero il ladroneccio fra le spezie della caccia; e con tali e tanti Filosofi d'una gente umanissima convengono con la loro barbarie i Germani Antichi; appo i quali i ladronecci [...] si tenevano tra gli esercizi della Virtú[2].

«Questo aspetto» commentò «mi appare un elemento fondamentale, se vogliamo capire la società che risulta dall'*Odissea.* Nel mondo militare dell'*Iliade* tutto era semplice: due confederazioni di eserciti con a capo, l'una, il sovrano piú potente, Agamennone, l'altra il re della città assediata, Priamo. Ma qui, se osserviamo la situazione di Itaca, vediamo piú complesso il gioco dei poteri. C'è una monarchia ereditaria, eppure...»

Un profumo corroborante invase la stanza: entrò un grog bollente, portato da due camerieri. I libri si chiusero, mentre altri due servitori si chinavano a predisporre un *déjeuner à la fourchette.*

Fra un sorso e un morso, Dawkins riprese la frase di Wood: «C'è una monarchia ereditaria, eppure lo è solo fino a un certo punto... non vi ricorda qualcosa?» (Uno sguardo d'intesa con Nemi.) «L'Assemblea itacense che non conferma la sovranità di Telemaco non fa forse pensare a certo Parlamento che, in un Regno cosiddetto Unito, con una Scozia devastata e un'Irlanda ribelle, si arroga il diritto di scegliere il re... e ci impone uno scioccone tedesco?»

Il capitano Puddie, che stava entrando, sentí le ultime parole e rapido si allontanò. I due armatori si rivelavano palesemente giacobiti e l'insurrezione guidata da Carlo Edoardo Stuart era troppo recente perché lui rischiasse di apparire un simpatizzante della causa perduta di «Bonnie Prince Charlie».

Anche Robert Wood preferiva evitare che il gruppo fosse sospettato di idee sovversive, e riportò abilmente il discorso sull'*Odissea*, che Borra prendeva in mano, in quel momento, nella traduzione francese di Madame Dacier. «Cosa curiosa:» fu il suo commento «uno dei pochi traduttori che sappiano il greco è una donna. E che *vis* polemica! Ma poiché difende Omero contro gli ignoranti, le siamo tutti grati».

Come lui sperava, la questione dello studio del greco si fece dibattito. In quali Paesi lo si sapeva meglio, come, perché... In Inghilterra, sicuramente, anche se c'erano eccellenti studiosi tedeschi e olandesi, mentre nella patria di Borra...

«Ah, i peccati della Chiesa Cattolica Apostolica Romana!» echeggiava la voce di Wood. «Due secoli di eminenti grecisti in Italia, e poi un'incomprensibile interdizione...»

«... proposta dal Concilio di Trento» completò Bouverie. Come Dawkins, aveva frequentato a Roma affabili cardinali che gli spiegavano i paradossi della vita cattolica. «Perché dissuadere dallo studio del greco?» aveva chiesto al piú intimo fra gli amici porporati. «Per timore della sensualità dell'arte ellenica?» L'altro aveva piacevolmente riso. Era un noto collezionista di antichità, e soleva ricevere il giovane inglese in uno studio arredato con grandi quadri mitologici, mirabilmente voluttuosi: «I nudi non fanno paura alla Chiesa. La questione è quella della lettura dei testi sacri. Niente fonti in greco, solo il latino della *Vulgata*. *Ou fílos os...*» Alcuni versi di Anacreonte avevano dato una nuova piega all'incontro: anche in Italia c'era chi il greco continuava a praticarlo.

«Se il possesso della cultura classica significa una filiazione, come io credo» sentenziava ora Wood, «siamo noi britannici i veri eredi del mondo ellenico. Approfonditi percorsi di studio nelle università, pubblicazioni che si moltiplicano, acquisto di antichità, musei archeologici, da qualche tempo anche importanti esplorazioni in loco, come la nostra o quelle partite prima di noi per Atene». (Borra fece finta di niente, pur ricordando quella che lui aveva rifiutato.) «E come i giovani greci, anche noi curiamo che il corpo e la mente siano parimenti esercitati. Come dice quel proverbio arabo? "Si è figli dei propri tempi piú che dei propri padri". Io direi piuttosto: "I padri sono quelli che ci scegliamo". E noi inglesi abbiamo scelto l'Ellade».

La conversazione proseguiva fra cenni d'assenso o di garbata riserva. Wood si prodigava, riconducendo puntualmente la discussione a Omero. Eccolo disegnare un mondo arcaico, pastorale e poi agricolo, dove la divisione del lavoro esisteva solo a uno stadio rudimentale («Ricordate l'incontro di Ulisse col pastorello, al suo arrivo a Itaca? Il poeta lo descrive "delicato come lo sono i figli dei principi", con calzari ai piedi e bel mantello sulle spalle; eppure pascola le pecore...»); un mondo in cui erano le guerre e le razzie a portare ricchezza e il valore individuale era lo strumento eletto per assicurare il potere.

Ma una battuta di Dawkins deviava il discorso. Il panorama elladico sfumava verso i monti e le coste della Scozia: e irrompeva il ricordo della spedizione condotta cinque anni prima dal «giovane pretendente» Stuart, il suo percorso trionfale dall'approdo fino a Edimburgo e al Derbyshire, prima della tragica sconfitta di Culloden.

Bouverie lo secondava con passione, infiorando i discorsi con ricordi personali: i due oxfordiani avevano conosciuto il giovane Stuart a Roma – aveva la loro età, avrebbe potuto essere uno della loro confraternita. Ne avevano apprezzato le qualità sportive e il coraggio, ne ricordavano i modi eleganti, la conversazione che riusciva a conquistare tanti – inglesi e irlandesi, non solo scozzesi – alla sua causa.

Wood cercava ripetutamente di riportarli al poema: «Potremmo considerare "il giovane pretendente" Stuart un moderno Telemaco che tenta di riappropriarsi del regno. Ricordiamo i primi libri dell'*Odissea*, giustamente ora citati da Nemi: ormai ventenne, l'erede di Ulisse prova ad assumere il potere tramite il sistema politico, appellandosi all'Assemblea. Ma nell'Assemblea vi sono famiglie i cui rampolli aspirano al trono di Itaca: il tentativo non riesce, anzi determina la reazione dei pretendenti, che preparano un primo agguato e certo ne meditano altri. Non resta che la forza».

«Sí, il nostro ha, come Telemaco, la legittimità del sangue» convenne Dawkins, seguendo la sua idea. «Ma, come è stato detto, il potere è legato alla forza. Telemaco non riporta armati dal suo viaggio: troverà la soluzione presso il focolare di Eumeo. Lo Stuart è solo. Luigi XV lo appoggia a parole, ma non lo sostiene con navi e milizie. Gli occorrerebbero alleati piú sicuri dei francesi. Per esempio i prussiani, che sono stati forgiati dai loro recenti sovrani come una possente macchina bellica».

Uno sguardo complice lampeggiò ancora fra i due

giovani inglesi; Wood aveva ormai rinunciato a ricondurre il discorso al mondo greco o allo sconosciuto testo esibito all'inizio della riunione.

«Tu pensi a Federico II, lo spregiudicato sovrano che si è impadronito anche della Slesia...» mormorò Nemi a Jamaica. «Un re acuto come un filosofo, predone come un clefta».

«Penso a Federico il grande guerriero...» rispose l'amico.

(Era il 15 maggio 1750; esattamente tre anni dopo, Dawkins si sarebbe recato a Berlino per convincere Federico il Grande ad appoggiare «Bonnie Prince Charlie» in una nuova spedizione militare sul suolo britannico. Avevano dalla loro il diritto, un importante appoggio aristocratico e il favore popolare – avrebbe detto all'ambasciatore prussiano mentre attendeva l'udienza regale. Era necessario solo un gesto di forza. Federico II l'avrebbe ricevuto con molti complimenti e ascoltato assorto, mentre rifletteva sui rischi e sui vantaggi dell'impresa. No, non gli conveniva: ancora qualche complimento e un prudente congedo. Il moderno Telemaco non avrebbe riconquistato il trono.)

5. *Dalla nave* Matilda

Durante lu viaggio,
ve la conto pe' filo e pe' segno,
e ve prometto
mare cumm'a na tavula,
viente roce cumm'a li ccarezze.

WILLIAM SHAKESPEARE, *The Tempest*,
traduzione di Eduardo De Filippo

La domenica giunse «abbigliata con un abito di saia grigia» (come soleva lamentare Bouverie nei giorni di maltempo a Oxford).

Figlio di Pastore, Wood era solito santificare la festa con qualche ora di lettura o di meditazione religiosa. Cosí, la luce stenta di quell'umida mattina lo trovò chino a scrivere su uno dei suoi quaderni:

> Senza dubbio, il comportamento degli dèi d'Omero avrebbe disonorato l'umanità; ma poiché si ritrovano cosí spesso nei suoi scritti nozioni pure e sublimi sulla Natura Divina, si può credere che il Poeta non [condividesse] le irragionevoli opinioni della gente comune. [...] Non sappiamo oggi fino a che punto Omero abbia abbellito e perfezionato le favole del paganesimo. [...] Penso che abbia rivestito delle grazie della poesia tradizioni popolari consacrate dai pregiudizi della sua nazione[1].

Borra bussò ed entrò in cabina. «Ho fatto quel che mi hai chiesto» gli disse. «C'è una piccola mostra dei miei disegni che attende i nostri amici». Poi, chinandosi sul quaderno, lesse la pagina che Wood stava completando. Non fece commenti. Wood si stava volonterosamente sforzando di ricondurre Omero a una visione cristiana:

> Egli crede all'unità, alla supremazia, all'onnipotenza e all'onniscienza di una Divina Natura, Creatrice e Conservatrice di tutte le cose. In diversi luoghi dell'*Iliade* e dell'*Odissea* parla del suo potere, della sua saggezza, giustizia, misericordia e veracità; e vi si ritrova l'immortalità dell'anima, una vita futura di ricompense o di punizioni, nonché la maggior parte dei princípi della teologia.

Borra si allontanò: lo sforzo di Wood gli sembrava frutto di buone intenzioni, ma forzato e un po' avvilente. Che bisogno c'era di piegare i versi di Omero? A meno che l'inglese non si sentisse colpevole proprio per la fascinazione esercitata dalle immagini sensuali di quelle divinità pervenute dal mondo antico in preziose gemme intagliate, in sculture mirabili e, a quanto si diceva a Napoli, in affreschi straordinari che stavano or ora risorgendo da secoli di silenzio gravati da spessi strati di cenere.

Nella sala comune, quel giorno, il grande tavolo si presentava con un inconsueto aspetto espositivo.

Felice del compito che gli era stato suggerito, Borra si era mosso presto. Mentre Dawkins e Bouverie indugiavano – riprendendo pigre abitudini oxfordiane, sfidandosi sulla scelta di panciotti e di cravatte –, aveva riordinato ed esposto sul tavolo i taccuini con i disegni fatti durante la sosta napoletana e gli scali italiani: ecco alcuni panorami di Napoli, i profili di Stromboli, Scilla, Messina, Reggio. I lavori erano sempre completi: il disegno del Mausoleo di Virgilio era accompagnato da precise misurazioni, quello della Grotta di Posillipo e del cratere del Vesuvio da mappe accurate. In ricordo della loro escursione sul vulcano partenopeo (lunga e riuscita, a differenza di quella tentata sullo Stromboli) Borra aveva proposto anche un'immaginaria *Veduta dell'eruzione del Vesuvio al 20 maggio 1737* che sembrava un gioioso fuoco d'artificio. Su un lato del tavolo, alcuni disegni eseguiti durante il periodo romano – e già noti ai committenti – ricordavano le origini della loro collaborazione. Avevano fatto bene a sceglierlo – fu il commento dei due gentiluomini. Aveva fatto bene a impuntarsi sulla proposta precedente, per partire invece con questi gentiluomini – fu la riflessione di Borra. Si trovava bene con loro, meditava di prolungare l'esperienza anglosassone.

«Mentre contempliamo i disegni di Napoli» riprese Wood «vorrei farvi partecipi delle ricchezze del testo di cui ieri ho citato un frammento. L'ho acquistato – un colpo di fortuna – poco prima di salpare, e me lo sono letto in questi giorni di navigazione».

Depose davanti a sé due tomi e, indulgendo alla propria tendenza all'autobiografia, cominciò col rievocare un precedente viaggio.

In una delle sue abituali soste a Venezia, aveva sentito magnificare il pensiero di un filosofo napoletano, anch'egli cultore di Omero. Stavano per pubblicarne in loco l'opera principale, di cui gli avevano anticipato alcune idee che l'avevano affascinato. Ma poi le cose non erano andate bene, forse per questioni economiche o forse per il carattere difficile del geniale studioso. Di quell'edizione non aveva saputo piú nulla. Era stata una lieta sorpresa quando, qualche giorno prima della partenza, aveva visto in una libreria partenopea, finalmente edito, il trattato che gli era sfuggito a Venezia. Acquistatolo, aveva percorso rapidamente la sezione intitolata a Omero, traducendone alcune pagine insieme con Borra.

Mostrò il suo tesoro: *Principj di Scienza Nuova di Giambattista Vico,* stampati a Napoli da pochi anni.

«Mi sono segnato alcune pagine che appaiono in perfetta sintonia con le nostre discussioni. Propongono la stessa interpretazione che avevo prudentemente avanzata io. Sentite: "Sembrano tai Poemi essere stati per piú età, e da piú mani lavorati, e condotti"[2]. Egli scrive addirittura che Omero potrebbe essere stato "un'Idea ovvero un Carattere Eroico d'uomini greci, in quanto essi narravano, cantando, le loro storie". Questo non risolve forse, almeno in parte, le nostre dispute? C'è un singolo rapsodo, ma c'è tutto un modo condiviso di vedere il mondo – comune a tutti i rapsodi, comune al pubblico che li ascolta. Potremmo persino immaginare, come scrive l'autore del *Sublime,* un Omero che da giovane usa quel materiale per comporre l'*Iliade* e da vecchio per darci l'*Odissea*... In fondo, non si dice che il mondo sia tragedia per i giovani, mentre i vecchi sanno che è solo commedia?»

Dawkins allungò la mano verso quel primo tomo e lo aprí. Un'elegante incisione introduceva all'opera del filosofo napoletano: «Giambattista Vico» rilesse. E si volse a Borra: «È un nome noto in Italia? Tu lo conosci?»

«No, però io...» l'architetto guardava con approvazione la complessa costruzione simbolica dell'antiporta. «Bel lavoro, vero?» Già aveva pensato – raccontò – di chiedere qualche informazione sulla Stamperia Muziana in cui era stata pubblicata l'opera. Poteva essere un buon indirizzo per far stampare i suoi lavori al loro ritorno a Napoli, fra un anno. E c'erano nella ciurma due napoletani: l'uno era un semplice marinaio di Procida, ma l'altro sapeva leggere e scrivere, anzi aveva addirittura lavorato in una tipografia, poi fallita. Si era ripromesso di parlargli ancora con calma, nei prossimi giorni.

«Ottima idea» disse Bouverie. Anche lui li aveva notati: un giovane allegro e riccioluto, che si arrampicava come uno scoiattolo, e un uomo piú anziano, posato e volonteroso, trasformato in marinaio dal bisogno. Erano sempre insieme e spesso, insieme, cantavano.

Rapidamente Wood si concertò con Borra sulla presentazione del libro che avevano letto insieme: «Data la lingua, vuoi cominciare tu?» gli chiese. Borra esitò. Non si sentiva uomo di filosofia né di letteratura: il testo di Vico gli era riuscito piuttosto difficile. Eppure ne era rimasto affascinato: non era la magia dei poemi di Omero, che aveva letto grazie ai tre inglesi, ma qualcosa di piú astratto come… ecco, come la matematica, quando l'aveva studiata al Collegio delle Province, a Torino. Percorrere quei *Principj di Scienza Nuova* gli aveva dato la stessa rarefatta sensazione di galleggiare nello spazio. Ah, la prima dimostrazione di geometria, proposta dal professore e trionfalmente risolta dal ragazzo Borra, vent'anni prima, in quell'aula umida dove scolari venuti da tante frazioni sabaude si scrutavano l'un l'altro con timida diffidenza! La *sublime* matematica… perché la parola appena citata da Wood per designare un qualche antico critico a lui ignoto era quella che alla matematica conveniva perfettamente.

Ma si riscosse: «Va bene. Riprendo da quel che hai appena detto». Alzò lo sguardo verso i tre inglesi e fece scorrere alcune sue schede: «Abbiamo visto che Vico concorda con l'idea di trasmissione orale e sottolinea la funzione dei rapsodi. Li investe di un ruolo rappresentativo di tutto un popolo, nel tramandare quei canti che appartengono a un'età eroica e che restano poi nella memoria del Paese, prima di essere fissati dalla scrittura. Insomma, Omero è per lui il nome di un mondo arcaico, raccontato da una schiatta di professionisti di valore, e in cui si identifica tutto un popolo». Lesse: «"Essi Greci furono quest'Omero"».

«Intrigante, anche se un po' misterioso, per me» dichiarò Dawkins. «Testi appresi a memoria, cantati in pubblico, e magari arricchiti durante l'esecuzione...»

«Come avevo già illustrato io stesso» interruppe Wood. Anche se aveva trovato opportuno dare la parola all'architetto, gli era difficile abdicare al ruolo di coordinatore. «Ricordate quel che vi ho detto sugli improvvisatori italiani e orientali? Possiamo immaginare un antico cantore greco che, arrivato in un paese, vede per la strada una bambinetta che piange per farsi prendere in braccio dalla mamma; poi, mentre canta l'episodio del dialogo fra Patroclo e Achille, inserisce al momento la similitudine, ritmandola in qualche esametro... Ecco qui il passo dell'*Iliade*, l'avevamo commentato a Roma:

"Perché, Patroclo, piangi al pari di una bimba,
che corre dietro alla mamma, pregandola di prenderla in braccio,
e le si aggrappa al vestito [...]?"
(XVI, vv. 7-9)

«L'immagine piace – lo si vede subito dalla reazione del pubblico; l'aedo da quel momento la ripete, l'inserisce nel suo canto, e altri la riprenderanno nel proporre quell'episodio».

Si sarebbe dilungato con piacere, ma Dawkins incalzava, curioso: «Torniamo al libro di questo Mr Vico».

Borra riprese: «C'è un disegno generale molto complesso – non facile per me da seguire. Presenta tutta la storia dell'umanità in un percorso progressivo… ecco, come fa la Bibbia».

Il figlio di Pastore, accanto a lui, corrugò le sopracciglia. Borra si affrettò ad aggiungere che la Bibbia era peraltro molto citata e chiosata nel testo. L'altro si rasserenò, mentre Jamaica e Nemi si scambiavano un mezzo sorriso.

«Questo filosofo vede gli uomini, all'inizio dei tempi, come "orribili bestioni"» citava alcune parole in italiano e poi le rendeva in inglese «che si civilizzano attraverso fasi progressive. La poesia traduce la "maraviglia" di questi "barbari" di fronte al creato con l'invenzione di figure divine e di miti per spiegare fatti altrimenti incomprensibili della natura o dell'evoluzione dell'umana società. Ci dà degli esempi interessanti, che coincidono a volte con le nostre conoscenze. Ricorda, ecco qua il punto:

> I Germani Antichi, abitatori presso il mar'agghiacciato, de' quali Tacito narra, che dicevano d'udire la notte il Sole, che dall'occidente passava per mare nell'oriente: ed affermavano di vedere gli Dei[3].

«Segnala che lo stesso fanno i selvaggi americani, ma qui solo Jamaica potrà confermarlo. Invece di noi tutti è l'esperienza dei bambini, che "osserviamo prendere tra mani cose inanimate e trastullarsi, e favellarvi, come fusser quelle persone vive". Insomma, nel nostro viaggio sulle orme di Omero, noi saremmo confrontati con quella visione poetica del creato che è stato il primo momento in cui si è cercato di capirlo – e di capire noi stessi».

Erano tutti attenti, mentre la voce bassa dell'architetto procedeva con lentezza, nel suo inglese italianizzante. Fu Bouverie a porre la questione: «Torquilino, le idee di questo filosofo ti stanno influenzando nella lettura dell'*Odissea*?»

L'altro annuí: «Come sapete, non ho la vostra competenza. Per me, la scoperta di questi poemi è stata un'esperienza nuova, una meraviglia che ho affrontato in modo forse troppo libero... diciamo che li ho letti sentendomi come uno di quei "bestioni tutto stupore" di cui parla Vico; o appunto come uno di quei bimbi che "trastullandosi" scoprono il mondo. Nel leggere Vico, mi ha colpito particolarmente la sua idea dell'invenzione delle divinità greche. Gli uomini – scrive – si spaventano delle tempeste e inventano un dio che lancia fulmini nei momenti d'ira. Oppure si spaventano delle loro tempeste interne e inventano una dea che li afferra per i capelli e consiglia di non uccidere ma di sfogare la rabbia con gli insulti, come all'inizio dell'*Iliade*, quando Achille si scaglia contro Agamennone e viene trattenuto da Atena».

«Magnifico!» esclamò Bouverie. La voce gli si faceva acuta, come sempre nei momenti di entusiasmo. «Ricordate quante volte, a Roma, rileggendo l'*Iliade*, abbiamo osservato che in fondo gli dèi non facevano che amplificare atti e fatti che sarebbero accaduti ugualmente: erano come i cori che nell'opera italiana preannunciano o commentano l'azione, ma non fanno l'azione.

Potremmo tradurre Poseidone con "il mare", Giove con "il cielo" e Atena con "la mente"...»

«Quindi» disse Dawkins «l'*ouverture* dell'*Odissea*, quando gli dèi discutono fra di loro e Poseidone, il nemico di Ulisse, se ne va altrove lasciando libere le divinità favorevoli, potremmo vederla come la sontuosa, operistica presentazione di un momento in cui il cielo è sereno, il mare calmo, e Atena...»

«... è semplicemente l'idea che viene in mente a Telemaco» continuò Bouverie, finendo, come al solito, la frase dell'amico. «Ecco, riprendiamo l'inizio del poema. Il tempo è bello, il Mediterraneo piatto e luminoso. Ci viene raccontato che la situazione a Itaca è sempre piú difficile, anzi pericolosa. Atena, sotto forma di un mercante appena giunto nell'isola, consiglia a Telemaco di tentare di sbarazzarsi dei pretendenti tramite un'Assemblea di cittadini. Se non riuscirà, dovrà dichiarare che accetta le nozze della madre, e approfittare dei preparativi nuziali per partirsene. Nel viaggio potrà incontrare i re che erano stati compagni di Ulisse, ne saprà notizie, e – se queste gli negheranno, come probabile, ogni speranza – tornerà e si appresterà a "uccidere i pretendenti [...], apertamente o con l'inganno" (I, vv. 295-296). Dobbiamo immaginare che occorra una dea per suggerirgli il piano? È quello che lui stesso può pensare, data la sua condizione e il sistema politico esistente. Cercare l'appoggio del Consiglio per congedare quella massa di sfruttatori. Se la cosa non riesce, non dovrà suscitare sospetti, ma mettersi in salvo, trovare alleati altrove e ricorrere infine alla forza o all'astuzia».

«Se vogliamo provare a leggere il poema in questo modo...» Wood era perplesso. «Io sarei lieto di accogliere un'interpretazione che eliminasse l'aspetto piú difficile da accettare nei testi omerici, la presenza di questi dèi falsi e bugiardi».

La discussione si frammentò in dialoghi.

Bouverie ricordava a Wood le loro sedute romane sull'*Iliade*. Personificazioni delle forze della natura o delle funzioni della mente umana, gli dèi erano apparsi piuttosto ininfluenti. «Avevamo commentato la questione come appare in diversi passi del poema. Ricordi come avevi chiosato tu stesso il ruolo di Zeus nel combattimento fra Ettore e Achille? Il dio osserva, alza l'aurea bilancia

e vi mise due sorti di morte crudele
l'una di Achille, l'altra di Ettore, abile nel domare i cavalli:
la tenne sospesa al centro e cadde il destino di Ettore».
(XXII, vv. 210-212)

«Ricordo» concordò Wood. «E tu avevi citato Ammiano Marcellino, là dove interpreta gli dèi d'Omero come i geni familiari degli eroi».

Borra parlava a bassa voce con Dawkins: «Comunque lo si legga, con o senza l'interpretazione della natura puramente verbale delle divinità, con o senza l'interpretazione del protagonista come un briccone bugiardo – ho visto che non ti scandalizzava quando l'ho proposta, il primo giorno – il poema è di una tale bellezza...»

«Che lo si può comprendere in molti modi, come si faceva nel Medioevo appunto con la Bibbia: sí, possiamo dire che tu stai dando una lettura allegorica del testo...»

«O che ci sto giocando, come un bambino felice».

6. *Dalla nave* Matilda *di fronte a Smirne*

Lo Guarracino che jeva pe mare
le venne voglia de se 'nzorare.
Se facette no bello vestito
de scarde de spine pulito pulito,
cu na perucca tutta 'ngrifata
de ziarelle 'mbrasciolata,
co lo sciabò, scolla e puzine
de ponte angrese fine fine.
Canzone del folclore napoletano

«Oggi si sbarca a Smirne» aveva detto il capitano Puddie.

Nell'eccitazione generale era l'unico a mantenere un contegno posato, mentre intorno fiorivano i sorrisi e una sottile irrequietezza pervadeva l'equipaggio. Borra, che interrogava il marinaio napoletano sulla Stamperia Muziana (di cui l'antico tipografo sapeva tutto) e sullo scrittore Giambattista Vico (di cui invece non sapeva nulla), vide avvicinarsi anche il suo riccioluto conterraneo, che cantava tutto allegro una canzone sugli amori dei pesci (come gli spiegarono prima di allontanarsi; lui non ne aveva capito una sola parola). Ma quel ritmo gli rimase in mente anche quando, terminato il colloquio, si accoccolò presso la solita scialuppa per riprendere la lettura dell'*Odissea*. E gli sembrò che la musica cadenzasse persino i gesti di Wood, impegnato con Puddie e il comandante in seconda a discutere le future fasi del viaggio e i possibili problemi politici all'arrivo.

Wood si confermava un consigliere prezioso. La sua esperienza di viaggiatore era garanzia di facilità nel disbrigo delle pratiche: conosceva il console inglese a

Smirne e un buon numero di aga turchi (con cui soleva trattare con facilità. Una volta soltanto la nave inglese aveva dovuto minacciare la città con i cannoni, ottenendo in tal modo il permesso di attraccare). Era lui ad aver consentito, all'inizio, il dialogo dell'architetto piemontese con i napoletani, tramite quel *sabir* a cui tutti si stavano abituando (fortunatamente per Borra, la lingua franca del Mediterraneo era fatta soprattutto di parole italiane). Ma Nunzio, il marinaio piú anziano, parlava anche italiano e persino un po' di francese: la conversazione era continuata piacevolmente fra loro due, con precisi dettagli su stamperie e cartiere da Napoli a Salerno. Nunzio era apparso fiero del suo passato di tipografo; avrebbe voluto cimentarsi anche nell'incisione su rame – aveva aggiunto. Ci si era applicato, ma aveva poi dovuto abbandonare l'attività. Non come quel padre missionario che, anni prima, aveva portato la calcografia da Napoli fino alla corte dell'imperatore cinese…

Poi i due marinai erano tornati al lavoro.

Il sole ora brillava, brillava il mare in mille increspature chiare, brillava la bruna distesa lignea della coperta, bagnata da secchiate d'acqua. Il volto all'ombra, le spalle carezzate dal primo tepore solare, Borra si era messo a leggere, alternando le traduzioni.

Doveva essere una mattinata cosí, limpida e gioiosa, quando Telemaco era apparso sulla soglia della capanna di Eumeo per incontrare il misterioso naufrago. E ora, nella piccola isola greca, ecco i tre uomini intenti a un'amichevole conversazione: gesti e parole volavano attraverso molteplici lingue e secoli fino al barbuto lettore che navigava su quello stesso mare, nella stessa aria azzurra…

Odissea, libro XVI

Nella conversazione che si annoda fra Telemaco e il suo servo, l'ospite interviene con discorsi che racchiudono – come sempre – domande astute.

Parla da uomo d'arme, si appassiona, si proclama sdegnato della violenza imposta all'inerme famiglia di Ulisse, e intanto si informa sul consenso popolare che può vantare Telemaco:

> «Dimmi se hai ceduto di tua volontà, o se il popolo
> d'Itaca ti ha in odio [...]
> o se ne hanno colpa i fratelli».
> (XVI, vv. 95-97)

Il popolo è diviso, gli risponde il giovane, ma non ci sono lotte fratricide per il potere: da generazioni la stirpe d'Ulisse è composta da figli unici. Lui è solo, e sua madre prende tempo come può; ma intanto

> «abbiamo in casa infiniti nemici:
> tutti i piú nobili che governano le isole,
> Dulichio, Same e Zacinto boscosa,
> e hanno potere nella rocciosa Itaca,
> ambiscono tutti a mia madre e distruggono la mia casa.
> [...] ben presto distruggeranno anche me».
> (XVI, vv. 121-128)

Per questo Telemaco ha deciso di approdare al sicuro presso Eumeo; ma vuole rassicurare la madre. Il porcaro vada alla reggia e informi Penelope, di nascosto, del ritorno del figlio: la regina apprenda che è incolume, sfuggito non solo ai pericoli del viaggio, ma a quelli, piú insidiosi, della sua stessa terra, «giacché molti tramano la mia rovina» (v. 134). Al momento è meglio tacere al povero Laerte la notizia del ritorno; ci penserà Penelope a mandargli una fida ancella, in segreto, per tranquillizzarlo.

Eumeo si avvia.

I due restano soli. Ed ecco che nella mente – abile alle soluzioni, agile alle menzogne – di quell'uomo polytropos, *brilla ancora la luce divina dell'idea – come se Atena gli apparisse, come se Atena glielo suggerisse: l'idea che quello sia il momento giusto.*

Un rapido lavacro, un raddrizzarsi del corpo muscoloso, non piú umiliato dagli stracci e dalla postura: davanti a Telemaco si erge un guerriero.

Lo sguardo è quello di un capo, le parole spicce e decise: «Sono tuo padre» (v. 188).

Brevi, lo stupore e la diffidenza di Telemaco. Ancora frastornato, si sente serrare con impeto fra le braccia del guerriero: i due si stringono e si confondono in pianto.

La giornata passa fra lacrime e abbracci. E parole. Che cosa avrà raccontato l'uno? Probabilmente episodi eroici della guerra di Troia. E l'altro? L'infanzia nelle camere della madre, la solitudine di un ragazzino fra tante donne (all'inizio c'era ancora la nonna; poi la sola Penelope con le sue ancelle); le visite nei possedimenti dove servi affezionati – come Eumeo – lo chiamano «caro figlio». E l'attesa.

A sera Telemaco gli domanda come sia giunto a Itaca: con una nave dei Feaci – è la scarna risposta – e portando ricchi doni che sono ben nascosti in una grotta.

Ma il guerriero prende rapidamente il sopravvento: chiede a Telemaco il numero e la qualità dei pretendenti, per affrontarli; né desiste quando sente che sono piú di cento. Scacciando i timori insistenti del giovane, gli prospetta a grandi linee un piano di battaglia: torni domani alla reggia, dove lui lo raggiungerà, in vesti misere e con aria dimessa, accompagnato da Eumeo. Non si preoccupi delle reazioni suscitate dal suo riapparire, né delle eventuali offese inferte al supplice; provveda piuttosto a togliere dalla casa tutte le armi, salvo due spade, due lance e due scudi: li lasci

> «a portata di mano,
> che possiamo prenderli quando vogliamo».
> (XVI, vv. 296-297)

Un pretesto per tale operazione? Eccone subito suggeriti due: il fumo del focolare annerisce le armi; che poi sono pericolose in una sala da banchetto, dove la gente si ubriaca e diventa aggressiva. Ma nessuno sappia del ritorno del re: non Penelope, né Laerte e neppure il fido porcaro; saggeranno in loco la fedeltà dei servi alla casata. Poi si vedrà.

Le ore passano, i discorsi si intrecciano durante l'intera giornata. Telemaco aveva pochi mesi quando suo padre è partito per la guerra. E sono trascorsi vent'anni: vent'anni da colmare di racconti, ricordi, emozioni; il giovane li rivive sotto quello sguardo rassicurante e implacabile.

Eumeo è lontano, giunto alla dimora regale proprio mentre – dalla nave che ha trasportato suo figlio ed è ora approdata in città – un messaggero reca alla regina la lieta notizia del ritorno. L'araldo grida l'annuncio in mezzo a tutti; lo sconcerto dei pretendenti – delusi nell'apprendere che Telemaco è sfuggito all'agguato – si fa dibattito interno al loro gruppo. C'è chi, come Anti-

noo, vorrebbe muoversi a ucciderlo, incurante del fatto che oramai tutti (persino Penelope) sappiano del loro mortale intento. Ma c'è chi esita o temporeggia, e l'assassinio è rimandato. Intanto Eumeo si accosta alla regina e conferma le liete notizie.

Al suo ritorno, l'ospite ha ripreso i suoi stracci: Telemaco sembra emozionato quando si rivolge a lui, rannicchiato e umile come ogni supplice che mendichi. Qualcosa è mutato nei loro rapporti e nell'atmosfera del luogo, ma il porcaro non sa individuarne la causa. Riferisce l'esito della missione a palazzo e soprattutto il rientro di una nave piena di armati fatta partire dai pretendenti. Doveva essere proprio quella con cui – ormai è noto – era stato teso un agguato sulla rotta del rientro di Telemaco. Questi guarda l'ospite in silenzio; sulle labbra gli si forma, quasi inconsapevole, un sorriso.

«A che punto sei arrivato, Torquilino?» chiese Bouverie, salito in coperta.

«Noi arriviamo a Smirne, e Telemaco è arrivato incolume a Itaca» rispose allegro Borra, chiudendo il libro e alzandosi a guardare la costa, dove la città si disegnava con nettezza. Valutò con occhio professionale la fuga di chiari palazzi che declinavano gradatamente nell'illusione della prospettiva, mostrando a mano a mano i tetti grigi, le facciate contornate di verzura, le giare per l'acqua: «È ora che mi metta al lavoro».

Scese a prendere matite e quaderno, mentre l'inglese restava a scrutare il profilo di quelle terre turche che per tanti secoli erano state culla del pensiero greco. «18 maggio 1750. Noi arriviamo...» si ripeté Nemi.

La sera prima il *Matilda* si era ancorato all'inizio del frastagliato golfo di Smirne, all'altezza di Clazomene. Era stata l'occasione per ricordare il filosofo che vi era nato, le cui parole suonavano come un perfetto sigillo ai loro ragionamenti: «"Tutto ha una spiegazione naturale" dice Anassagora di Clazomene». Wood aveva letto il testo in greco; poi aveva passato l'antologia di Presocratici a Dawkins, che aveva continuato in inglese: «"La Luna non è una dea, bensí un grande globo roccioso, e il Sole non è un dio, ma un immenso mondo infuocato"».

La notte si era chiusa su di loro, mentre le parole di Anassagora morivano nell'aria. Nessuno era sceso a terra, nella landa desolata che un tempo era stata la culla del pensiero europeo.

Ora, con la prospettiva dello sbarco nella luce lieta del mattino, Bouverie cercava di afferrare e tradurre le proprie sensazioni. Mentre scriveva sul suo taccuino, fu raggiunto da Dawkins.

«L'emozione si fa poesia?» gli sussurrò l'amico. Nemi annuí, cancellò qualcosa, esitò, accennò a una lettura notturna dell'*Iliade*, poi lesse a voce alta:

Questo mare è lo stesso e le parole
che lo dicono e l'oro il verde il bianco
e l'azzurro insaziabile e l'odore
dell'albero di fico contro il fianco.
Ma la cinta dalle alte porte e il passo
del suo signore.

Cancellò e corresse:

Ma dove le alte porte e i lunghi passi
l'eroe in pianto e il canto delle nuore?
Non li riavrai se pur mordi il sapore
dell'erba sconosciuta che riappare.

«No, non va!» concluse stracciando il foglio e gettandolo in mare. «Per dare voce al nostro arrivo volevo qualcosa di piú, di piú...»

I marinai napoletani stavano ripassando sul ponte. «Jesce sole» cantava il piú giovane: una musica solenne, giunta da chissà quali inquietanti lontananze.

«Volevo qualcosa come questo canto». I due inglesi si immobilizzarono nell'ascolto.

«Jesce sole, jesce sole, jesce sole». Anche l'altro marinaio si era unito, salmodiando l'invocazione a voce sempre piú forte.

La luce invadeva il ponte; il sole era come una spada di fuoco, sottile e verticale, che attraversava il mare all'orizzonte.

7. *Dalla nave* Matilda *e poi da Smirne*

> May 18th. We waited on Mr Cawley our Consul etc. and laugh'd off the congratulatory Compliments of the other Consuls. They are so ridiculously absurd as to mean to merit a Visit because sent by a rascally Druggoman instead of a footman. But such formalitys prevail here among the Franks that if indulg'd would be very irksome to a Traveller[1].
>
> Diario di bordo di JAMES DAWKINS

Castello di Smjrna. Penna e inchiostro acquarellato in grigio: dice la didascalia di un disegno di Giovanni Battista Borra conservato allo Yale Center for British Art.

Scrutata dal ponte del *Matilda*, dapprima Smirne era apparsa agli occhi dell'architetto piemontese aureolata dall'aurora: una striscia chiara di edifici bagnata da una luce intensa che sfumava dall'arancio rosato dell'orizzonte fino a morire nella levità verticale dell'azzurro.

Piú tardi, quando era risalito dalla cabina munito di quaderno e matite per farne qualche disegno, l'incanto dei colori si era mutato in chiarezza di dettagli. L'imponente complesso del castello, il cui mastio sembrava modellato sull'inarcarsi dei monti che gli premevano alle spalle, si stagliava in blocchi geometrici sotto il sole; intorno, come un gregge obbediente, erano disposte le tante chiese, le moschee e le case, modeste d'altezza ma rallegrate da masse d'alberi.

Mentre i marinai si affaccendavano con scroscianti secchiate d'acqua, aveva visto salire e appartarsi Bouverie, poi raggiunto da Dawkins. Infine era spuntato anche Wood, presto richiamato dal capitano: stava arrivando il console inglese, con cui avrebbero sbrigato le procedure burocratiche dello sbarco e del soggiorno. Per il previsto viaggio all'interno non ci sarebbero stati problemi: Wood conosceva l'aga di Smirne.

Un saluto cerimonioso a Mr Cawley, poi Borra, Dawkins e Bouverie scesero a terra. La città accoglieva i viaggiatori in un allegro miscuglio di odori, bagliori e rumori: una folla composita e multicolore si spostava come un'onda fra il porto e i mercati, il castello e le residenze diplomatiche. Era piacevole camminare in terraferma, dopo due settimane di navigazione: spostarsi fra la gente, acquistare tessuti damascati o caffettiere d'argento, occhieggiare le auspicate botteghe di antichità. I servitori si caricavano di involti, le future giornate si riempivano di impegni di rappresentanza. Era un solido mondo mercantile fatto di commercianti di varie comunità – poliglotti, abili, insistenti; e poi vi era un mondo diplomatico piú provinciale, un po' vanitoso, infiltrato da qualche avventuriero dall'aria ambigua...

I resti antichi – come spiegarono diffusamente alcuni ospiti nel ricevimento della sera dopo al Consolato inglese – erano stati ampiamente saccheggiati dagli smirnioti per costruire le loro abitazioni e la nuova moschea. Valeva la pena di visitare il castello, anche perché all'ingresso ancora sussisteva un masso imponente, che si diceva fosse la testa di una colossale statua dell'Amazzone fondatrice della città. Smyrna, appunto.

Il cibo era abbastanza buono, le conversazioni un po' pedanti. Alla fine del pasto, quando il console propose un brindisi al re, Bouverie e Dawkins si guardarono, protendendo i loro calici verso il centro tavola, oltre i bicchieri dell'acqua. Al momento di rientrare sul *Matilda*, nella notte nerissima che li accoglieva al portone del Consolato, Dawkins fu avvicinato da uno dei commensali che rievocò il loro gesto: «Un brindisi al sovrano al di là delle acque...» sussurrò. «Posso parlarvi?»

Alla luce oscillante delle torce portate dai servitori appariva pallido, insicuro (inquieto e inquietante, l'avrebbero poi definito). I due giacobiti lo accettarono come compagno sulla strada del ritorno e lo invitarono a bordo; qui, seduto nella cabina di Dawkins, sorseggiando un cognac, il pallido inglese cominciò a raccontare – con infinite digressioni prudenziali – dell'appoggio che aveva dato a uno scozzese fedele agli Stuart, da qualche tempo rifugiato a Smirne. Ora l'esule (un medico! molto capace! laureato nella prestigiosa Università di Edimburgo!) era in una situazione difficile e...

«Lo incontriamo domani in città? O è meglio che venga alla nave?» Bouverie era già impaziente.

«Domani pomeriggio dobbiamo far visita a Lady Hester» gli ricordò Dawkins. La vedova del precedente console inglese, rimasta a vivere a Smirne, non partecipava alle serate organizzate dal console Cawley (data l'età, a sera era troppo stanca), ma amava ricevere i viaggiatori di qualità che giungevano nelle terre turche, soprattutto se inglesi. Cawley si era raccomandato ai suoi due compatrioti: Lady Hester gli era molto cara e aveva ben poche distrazioni.

La giornata fu rapidamente riprogrammata: sarebbero andati tutt'e quattro a far visita alla vecchia signora, disperdendosi all'uscita. Poi, mentre Borra passeggiava e faceva schizzi, Dawkins avrebbe coinvolto Wood in un giro di curiosità e di acquisti; Bouverie, allontanatosi con un pretesto, si sarebbe invece recato nel negozio indicato dal loro pallido messaggero. Lí, nel retrobottega, avrebbe potuto incontrare il medico scozzese.

La notte parve lunga ai due inglesi. «"Queste notti sono infinite"» citò Nemi la mattina dopo. Sulla nave non li attendeva nessuna riunione omerica, bensí l'organizzazione delle future giornate di spedizione all'interno: due settimane di esplorazioni con tende, provviste e un corpo di guardie a protezione dai possibili briganti.

Tutto si svolse senza intoppi: Lady Hester era una deliziosa, vecchissima signora vestita e inturbantata alla turca. Li ricevette in una sala allietata da una piccola fontana, li rallegrò con uno spuntino condito da un accompagnamento musicale, si informò con avidità dei loro progetti, dei loro viaggi, delle notizie londinesi.

Deliziata nell'apprendere l'identità italiana di Borra e la familiarità di Wood con Venezia, prese a rievocare i suoi rapporti con un lontano console della Repubblica Veneta a Smirne: un medico, Jacopo Pilarino, a cui si doveva la scoperta del metodo per immunizzarsi dal vaiolo[2]. Era stato molto amico del console suo marito (sottolineò, confermando in realtà i sospetti provocati dalla sua esaltazione sentimentale); avrebbe potuto vivere comodamente a Smirne, ma era un irrequieto... sempre in moto, dalla corte di Costantinopoli a quella di Pietro il Grande, dalla Valacchia all'Egitto, all'Italia. Lo sapevano che quel metodo era stato poi adottato in molti Paesi, salvando migliaia di vite? Dawkins entusiasmò la signora raccontandole che, pochi anni prima, un gruppo di londinesi, riuniti in un'associazione benefica, aveva fondato un ospedale «per assistere i poveri colpiti dal vaiolo e per inoculare chi accettasse tale operazione»[3]. Anche lui aveva partecipato con una donazione. «Bravo. Cosí si fa!» commentò la vecchia signora. Poi si assopí e i quattro presero discretamente congedo dagli astanti.

Lungo la strada del ritorno, si dispersero come previsto.

Prudenzialmente seguito, a distanza, da un servo armato, Bouverie percorse un intrico di scuri vicoli maleodoranti e giunse alla bottega. Nel retro lo aspettavano l'inglese della sera prima e un giovane bruno, bello e magrissimo, i cui modi subito lo conquistarono.

«La ringrazio. Mi chiamo Christopher...» Disse il suo nome intero, precisando che quel nome era al bando: aveva seguito «Bonnie Prince Charlie» al suo arrivo in Scozia, si era battuto al suo fianco, l'aveva aiutato a fuggire. Sembrava voler dettagliare gli elementi che facevano di lui un ospite sconsigliabile, quasi ad accentuare la consapevolezza dei rischi per i suoi possibili protettori. Era riparato in Francia e per qualche tempo si era sentito al sicuro presso Avignone, nelle terre papali. Anche da lí aveva dovuto fuggire.

A questo punto il giovane tacque. Ma l'altro era conquistato. Guardava quel viso affilato, gli occhi ardenti; l'anno prima, presso un collezionista di antichità, aveva visto la testa in diorite di un faraone egizio che sembrava il suo ritratto.

L'inglese che aveva mediato l'incontro era partito. Il caffè si raffreddava nei bicchierini. Bouverie rifletteva. Poi sorrise: «Il suo nome, certo; ma per noi lei potrebbe essere… Maitland. Ho conosciuto alcuni medici scozzesi di quella famiglia. E anche fra di noi ci chiamiamo preferibilmente con soprannomi».

Sorrise anche il giovane: «Un Maitland era proprio mio professore all'università».

Come risollevato dalla proposta (o dal ricordo universitario?), lo scozzese proseguí. In Provenza aveva conosciuto una donna meravigliosa. Si erano innamorati. Lei era già sposata e infelice. Erano fuggiti insieme. Ma il destino si era fatto maligno: scampati alla morte in un naufragio nel Mar Egeo, pervenuti fortunosamente a Santorini, lui si era gravemente ammalato. La sua compagna l'aveva curato amorevolmente – sapeva di doverle la vita e la salute mentale. Il denaro rimasto loro era servito a malapena a farli arrivare a Smirne. La sua intenzione era stata – come quella di altri profughi politici – di giungere a Costantinopoli, dove gli avevano assicurato che i medici occidentali erano particolarmente apprezzati. Ma non aveva piú denaro né salute. Anche proporsi come dottore a Smirne gli pareva rischioso, data l'atmosfera politica in loco. Non aveva perciò praticato la medicina, salvo nel caso del compatriota che era stato loro tramite: conosciuto per caso, ne aveva curato e guarito il figlio.

Una lunga pausa chiuse la narrazione smozzicata di colui che già Bouverie chiamava Christopher Dennis «Maitland». Bevvero entrambi un sorso ormai freddo e, con il bicchierino di caffè, Nemi accennò al gesto di riconoscimento fatto alla cena del Consolato: «Al segno che ci ha fatto incontrare». Poi espose il suo proposito: «Devo farle conoscere James Dawkins, ben piú di me coinvolto nel gioco politico. Le piacerà. Abbiamo previsto un anno di esplorazione sulle tracce di Omero, nel Mediterraneo, ovviamente toccando Costantinopoli. Quindi nessun problema: la città è sulla nostra rotta. Al rientro, stasera, farò il punto della situazione con il mio amico, e poi vedremo insieme – domani? Lei può venire ancora qui al negozio? – come procedere per tutelare voi due e accompagnarvi là».

Pensò che l'altro dovesse aver urgente bisogno di denaro, ma non voleva offenderne la fierezza. Poi la soluzione gli si presentò alla mente – perfetta.

«La ingaggeremo come medico di bordo. Potrebbe addirittura esserci stato indicato da Lady Hester Sherard. Anzi, prima della partenza farò discretamente sapere a tutti – nei Consolati e al nostro capitano – che mi riprometto di ritornare dalla signora per ringraziarla dei suoi molti consigli».

Annunciò per sommi capi il programma di esplorazioni nell'entroterra organizzato per le due settimane future: «Ma non si preoccupi, armonizzeremo i nostri progetti e le sue esigenze. Allora, caro medico di bordo...» a ogni parola di Bouverie l'altro sembrava riprendere le forze.

Quella sera, dopo una cena che il Consolato francese avrebbe voluto particolarmente formale («Ma dove han raccattato i servitori?» sghignazzò poi Nemi. «Hai visto le livree?» «Però i vini erano buoni» rispose Jamaica) i due amici concordarono un piano da sottoporre allo scozzese.

Avrebbero accelerato il viaggio a Costantinopoli, sacrificando la durata del soggiorno a Smirne: troppo rischioso ospitare apertamente l'esule, date le posizioni del console inglese – né la città (osservò Dawkins) offriva tutte le antichità che avevano sperato. Avrebbero fatto il già annunciato viaggio nell'entroterra, per visitare le rovine di Sardi e di Pergamo, mentre la nave sarebbe stata ormeggiata non piú al porto, ma in una caletta discosta del Golfo Eleatico. Lí, insieme con l'equipaggio, i due Maitland avrebbero aspettato il loro ritorno, ai primi di giugno. Provvisto di denaro e sentendosi al sicuro, in quelle due settimane il convalescente si sarebbe certo ristabilito. Al capitano Puddie sarebbero stati presentati come il medico di bordo con la moglie – una scelta suggerita loro dalla vecchia Lady inglese; a Wood e a Borra sarebbe stata detta la verità durante il viaggio a Sardi.

Le giornate si facevano intense: acquisto di derrate, preparazione di bagagli, visite diplomatiche, accordi per la scorta che li avrebbe accompagnati. In mancanza degli auspicati monumenti classici, Borra disegnava un ponte fuori città e qualche figura in abiti locali. Felicissima del rinnovarsi delle loro visite, Lady Hester aveva moltiplicato non solo i suoi ricordi sentimentali, ma le informazioni sul mondo dei medici occidentali presso la Sublime Porta.

Era un'*enclave* costituitasi da secoli a Costantinopoli, dapprima con dottori veneti, genovesi o toscani, poi anche con qualche laureato di Edimburgo e della Sorbona. Solitamente cattolici, in ottimi rapporti con i locali pope ortodossi, erano collegati alle ricerche scientifiche dell'Occidente tramite le *Philosophical Transactions* edite dalla Royal Society («Conoscete certo la rivista!» Lady Hester si era fatta piú animata. «Interessantissima, sempre disponibile presso i Consolati e le Ambasciate inglesi: ne era stato corrispondente Jacopo Pilarino...»). Era importante provenire dalle giuste università: allora si era ben accolti nella corporazione.

Qualche giorno dopo, il nuovo medico di bordo e la sua compagna furono ricevuti sul *Matilda*, dove Bouverie cedette provvisoriamente loro la cabina. Poi, mentre la nave faceva vela per ormeggiarsi a Çanderli, la spedizione partí a cavallo, seguendo il corso del Meleto in direzione di Sardi.

Il diario di Dawkins riporta solo una sobria nota di disappunto per i pochi resti classici offerti da Smirne: «*Affords hardly anything in matter of Antiquity*».

In un foglio volante aggiunto al diario di John Bouverie sono invece enumerati gli indumenti necessari al viaggio a cavallo del giovane inglese: «*6 pairs of ridings stockings, 4 indian dimity wainstcoats (6 buttons); 4 striped spitalfield's linnen do., Nankin coats, shoes, pumps, boots, thread stockings*»... e via via con accessori e provviste, dalla parrucca fino al cognac e agli scelti vini di Bordeaux.

Il 25 maggio, di prima mattina, la spedizione lasciò Smirne.

8. *Da Sardi e da Pergamo*

Ἄρτεμιν ὕμνει Μοῦσα κασιγνήτην Ἑκάτοιο,
παρθένον ἰοχέαιραν, ὁμότροφον Ἀπόλλωνος,
ἥ θ' ἵππους ἄρσασα βαθυσχοίνοιο Μέλητος
ῥίμφα διὰ Σμύρνης παγχρύσεον ἅρμα διώκει[1]

Inni omerici

Quando si accamparono presso un limpido specchio d'acqua detto «Bagni di Diana», Dawkins recitò alcuni versi di un inno alla dea attribuito a Omero. Poi aggiunse: «Qui al Meleto dove Artemide abbeverava i suoi corsieri, anche noi possiamo abbeverare i cavalli».

«E abbeverarci noi pure» aggiunse Bouverie. «Un punch per tutti?»

Bevvero con tutta la scorta.

La giornata era stata calda: uomini e cavalli erano piú affaticati del previsto. Prima di ritirarsi in tenda, Wood propose (e gli altri accettarono) una modifica al programma di viaggio. Avevano progettato percorsi giornalieri di venti miglia – quindi di cavalcare sei o sette ore al giorno. Ma il vento («un dannatissimo vento caldo che sembrò uscito da un forno, fortissimo e quasi soffocante» secondo il diario di Dawkins) rendeva la lunga cavalcata spossante. Avrebbero compiuto il percorso diurno in due tappe, partendo all'alba e riprendendo il viaggio al pomeriggio, sostando durante le ore affocate del mezzogiorno.

Per Borra, quello presso i «Bagni di Diana» fu l'ultimo giorno di lettura omerica, prima del ritorno sul *Matilda*. Poi ci sarebbero state cavalcate illuminate dall'alba o adombrate dal tramonto e notti in tenda, con sonni propiziati dalla stanchezza ma disturbati dal concerto («un maledetto gracidare e crocidare») di rane e rospi. Poi ci sarebbero stati giorni di lavoro intensissimo: per gli uni a misurare e a descrivere, per lui a disegnare archi e colonne, fregi e capitelli, bagni e ginnasi, templi divenuti cattedrali, gradinate di circhi e teatri.

Sardi si sarebbe rivelata appassionante: si sarebbero fermati tre giorni oltre il previsto, per far scavare in profondità alcuni siti; Pergamo li avrebbe affascinati con le rovine monumentali di un mondo classico che si trasformava in cristiano-bizantino. Stagliandosi amputate e mirabili contro il cielo senza nubi, architetture nate per dèi ormai dimenticati – poi corrose dal tempo o distrutte dagli uomini e infine rinate per le liturgie di un nuovo credo – li avrebbero accolti come pellegrini figli di un'epoca novella, accorsi nel puro culto della bellezza.

Dawkins, Bouverie, Wood e Borra avrebbero operato con abilità, nell'armonia già progressivamente creatasi, l'anno prima, durante le esplorazioni laziali: Wood si sarebbe occupato della topografia e dell'epigrafia, Dawkins avrebbe studiato minerali, fauna e flora, Bouverie e Borra si sarebbero dedicati ai ritrovamenti architettonici. Propiziate dall'accurata preparazione e dagli alti compensi, anche le collaborazioni esterne si sarebbero dimostrate efficaci: precise le informazioni, esperte le guide, ben lieta di essere ingaggiata la manodopera locale.

Non proprio una passeggiata, dunque, ma entusiasmante l'«*inland jaunt*» di cui è rimasta precisa memoria nei diari degli inglesi. Pure, quella prima sera di viaggio, Torquilino si appartò per ripercorrere, alla luce di una torcia, con la guida di una serie di versi risonanti, la strada sassosa e scoscesa che dalla capanna di Eumeo scendeva per colli e pascoli fino a un piccolo nucleo cittadino: la capitale del regno di Itaca.

Odissea, libro XVII

Quando mattutina appare l'Aurora dalle rosee dita, Telemaco si lega i sandali ai piedi, afferra l'asta di bronzo e si congeda da Eumeo ingiungendogli di condurre, sul tardi, lo straniero alla reggia. Una piccola scena già concordata giustifica il cambiamento di decisione: «Non posso mantenere tutti i mendicanti» dice Telemaco. «Non posso restar qui a fare il bracciante» conferma l'altro, muovendosi come un vecchio.

Il ritorno dell'erede nella sua casa è un susseguirsi di abbracci di gioia, di pianti di sollievo. Dapprima la nutrice Euriclea, poi le ancelle di palazzo, infine la stessa Penelope, che si precipita fuori dal talamo, stringe a sé il figlio, lo bacia, lo interroga singhiozzando: «Sei tornato, Telemaco, mia dolce luce! Non credevo di rivederti mai piú, dopo che partisti per Pilo, in segreto, senza il mio assenso, per avere notizie di tuo padre. Ma su, raccontami tutto quello che hai visto».

Il figlio è calmo e determinato. Invita la madre a vestirsi degnamente per la giornata e a fare ringrazia-

menti agli dèi. Lui tornerà fra poco, in compagnia di un viaggiatore a cui ha dato un passaggio in nave. Traversa poi la città – lancia in mano, cani veloci al seguito, fra gli sguardi ammirati del popolo; evita i gruppi di pretendenti, si accosta ai maggiorenti un tempo sodali del padre; ritrova infine lo straniero che è stato suo compagno di viaggio da Pilo e che l'amico Pireo ha guidato in piazza: lo condurrà con sé, ospitandolo ancora.

E i doni riportati dal viaggio? «Tienili tu, per il momento» dice a Pireo. «Se i pretendenti mi uccideranno, preferisco li abbia un amico; se sarò io a sconfiggerli, me li riporterai a palazzo».

*Al suo rientro si ripetono i rituali dell'ospitalità aristocratica. Anche il casuale compagno di viaggio, come il padrone di casa, è lavato e unto d'olio dalle ancelle, rivestito con tunica e manto, servito di una ricca colazione nella sala dei banchetti. Vi scende anche Penelope, bella, composta e nobilmente abbigliata, il fuso fra le dita; terminato il pasto, chiede al figlio un resoconto del suo viaggio «prima che i pretendenti superbi tornino in questa sala» (*XVII*, v. 105).*

Sbarcato a Pilo – racconta Telemaco – e accolto paternamente da Nestore, non aveva però avuto da lui notizie di Ulisse. Era stato indirizzato a Sparta, dove i sovrani – proprio la famosa Elena e il valoroso Menelao – erano ritornati da qualche anno. Durante il suo lungo errare nel Mediterraneo, il re argivo aveva avuto notizia che Ulisse sarebbe stato ancora vivo, ma prigioniero; la fonte era una mutevole divinità marina, e la notizia risaliva ad anni addietro.

A chiusa del discorso di Telemaco interviene il suo nuovo compagno di viaggio – accolto sulla nave perché in fuga disperata dal suo Paese: si dice indovino e for-

mula il pronostico di un pronto arrivo del re, ricevendo da Penelope grate parole.

Davanti al palazzo, intanto, i pretendenti fanno giochi sportivi o si radunano in crocchi a commentare; vedono arrivare dalle campagne capre, porci e bovini destinati al loro banchetto: si affollano nella casa e riempiono la sala. Si prepara un altro giorno di conviti a spese della famiglia di Telemaco.

Le ore passano.

Prima che cali la sera, il porcaro Eumeo, obbediente agli ordini, si accinge a condurre in città lo straniero. Gli dona un bastone a cui l'altro si appoggia ostentando debolezza: si è gettato sulla spalla una «sudicia bisaccia, tutta strappi, con una corda per tracolla»; sembra davvero «un mendicante, vecchio e infelice» (XVII, v. 202).

La notte si era fatta profonda; agitata dal vento, la fiamma della torcia illuminava a fatica il libro. Borra si ammoniva silenziosamente che era tempo di coricarsi in tenda e di dormire; la mattina dopo avrebbero dovuto svegliarsi alle quattro e mezzo per levare il campo. «Ma ancora un poco...» si diceva. Il tempo di percorrere ancora la strada che conduceva al palazzo, di assistere ancora alle provocazioni di un capraio sbruffone, palesemente acquisito ai pretendenti, di metter piede sulla soglia della dimora di Ulisse...

Odissea, libro XVII

Eumeo ha guidato il suo ospite fino alla reggia. L'ha difeso quando, lungo la strada, il capraio Melanzio l'ha insultato e gli ha tirato un calcio; poi Melanzio ha consegnato le bestie da macellare per il pranzo, è entrato nella sala del banchetto e si è seduto accanto ai pretendenti – esempio di quanti, nella casa di Ulisse, hanno ormai scelto di compiacere i futuri padroni.

Eumeo è preoccupato che un'analoga accoglienza sia riservata al mendico da quegli uomini boriosi che trattano come proprie le risorse del palazzo. I due si fermano a discuterne sulla soglia: l'ospite loda la bellezza della casa e accetta di farvisi introdurre, per prudenza, dal porcaro.

> Cosí scambiavano queste parole tra loro, ed un cane
> che stava accucciato sollevò la testa e le orecchie.
> (XVII, vv. 290-291)

«È il cane di Ulisse, Argo» spiega il porcaro. E ne vanta le prodezze, ne depreca l'abbandono da parte dei servi. Argo è lí, giacente sopra un mucchio di letame – si indigna il buon Eumeo – un cane allevato dal re, suo compagno di caccia, e che, anche dopo la sua partenza, i giovani conducevano nelle battute ai cervi o alle capre selvatiche; un cosí bravo cane che ora, invece…

Argo muove la coda, ma non riesce ad alzarsi; ha piú di vent'anni, è allo stremo.

> «È il cane di un uomo morto in terra lontana [...]
> Ora è in preda al male: il suo padrone
> è morto lontano e le serve svogliate non se ne occupano.
> I servi, se i padroni non sono lí a stimolarli,
> non hanno voglia di fare le cose come si deve.
> Zeus tonante toglie a un uomo metà
> delle sue forze quando gli è imposta una vita da schiavo».
> (XVII, vv. 312-323)

Commenta Eumeo.

Cosí dicendo, entrò nella splendida casa
e andò nella sala, tra i pretendenti illustri.
Argo se lo prese il nero destino di morte.
(XVII, vv. 324-326)

9. *Dalla nave* Matilda *ormeggiata a Çanderli*

Quello di forma egregia / ed alto, che passeggia
vestito con bell'abito / ornato d'oro folgora
e con severe ciglia / talora volge i lumini
è uomo molto affabile / e di natura placido. [...]
È piemontese e 'l merito / lo rende caro ai nobili.
E i forestier con premio / qual merto lo condussero
a disegnar dell'Africa / le veteri reliquie,
e le città piú celebri / dell'Asia, e BORRA nomasi.

IGNAZIO NEPOTE, *Il pregiudizio smascherato*[1]

Era il pomeriggio del 9 giugno quando i quattro viaggiatori – labbra screpolate dal vento, fronte e guance scurite dal sole – ritornarono a bordo. Dopo due settimane di attività archeologica si sentivano stanchi e felici, carichi di appunti da sistemare, di disegni da rielaborare a penna. Mentre il cielo si striava di porpora, il castello di Çanderli li vide giungere al galoppo e scomparire nel ventre capace del *Matilda*; anche la nave sembrava impaziente di ripartire dopo la lunga sosta. Recuperate le comodità delle loro cabine, i quattro depositarono rapidamente il materiale raccolto, preparandosi poi alla cena che avrebbe festeggiato il successo di quella prima *tranche* di esplorazioni.

Borra vi sarebbe apparso sbarbato: dopo lunga esitazione, aveva deciso di sacrificare al comfort quotidiano l'«onor del mento» (che si rivelò un po' sfuggente). Se l'aria era già rovente ai primi di giugno, il calore che li attendeva in piena estate sarebbe stato terribile; meglio alleggerirsi e magari – secondo il suggerimento di Wood – abbandonare gli abiti europei per vesti meno costrittive.

Un quarto di luna brillava in cielo quando i convitati, elegantemente imparruccati, cominciarono a uscire dalle cabine; anche i due Maitland erano ormai alloggiati in modo autonomo, poiché durante i quindici giorni in cui la nave era rimasta ormeggiata a Çanderli, il capitano Puddie aveva fatto ricavare, nella parte poppiera della stiva principale, una cabina e persino uno spazio adiacente «ove operare come medico, quando necessario».

La presenza di una signora (dapprima silenziosa, poi timidamente partecipe e infine diventata suo malgrado il centro della conversazione) trasformava sottilmente l'atmosfera rispetto ai consueti pasti a bordo. Si parlò a lungo della spedizione, evocandone gli aspetti piú curiosi: Dawkins aveva osservato accuratamente i costumi di un uccello «che ci ha reso infiniti servizi» e che aveva chiamato «*locust-bird*». Lo descrisse, ne tentò un buffo disegno, ne cercò invano l'equivalente nella fauna osservata in altri Paesi; Wood dettagliava le bellezze dei marmi, mentre Bouverie faceva mottetti sui quattro «semi-arrostiti» che Apollo si era divertito a saettare.

Furono raccontati ai Maitland anche i trascorsi pomeriggi di letture omeriche, che durante la navigazione li avevano visti dibattere tante questioni letterarie, e Dawkins illustrò le ragioni della scelta del loro primo approdo: «La questione dell'identità dell'autore dei poemi ci aveva molto interessato, e la solida ipotesi di Wood, che colloca a Chio o a Smirne la nascita di Omero, ci ha entusiasmato».

«Lo sbarco nella Troade – come previsto dal primo piano di navigazione – sarà dunque la prossima tappa» aggiunse il capitano Puddie.

«Non so» interloquí con aria apparentemente svagata Bouverie. «Ci stiamo domandando se non sia meglio passare prima a Costantinopoli. Pare che a metà giugno ci sia ancora, all'Ambasciata, un nostro amico, che poi dovrà seguire la corte turca nella sede estiva».

«Benissimo» concluse serafico il capitano. «Fileremo dunque verso i Dardanelli: il vento è eccellente».

Sui volti dei due nuovi ospiti fiorivano grati sorrisi; e ancora il discorso tornava a Omero. Durante la settimana di navigazione verso Costantinopoli si sarebbero riprese le ore di discussione sull'*Odissea*? «Certo» assicurarono piú voci «già da domani».

Fissando il volto ben rasato di Borra (non riusciva ad abituarcisi!) Dawkins si fece malizioso: «In queste due settimane abbiamo discusso particolari filologici e interpretazioni filosofiche, ma ci siamo anche dilettati di letture molto sconvenienti: l'amico Torquilino, per esempio, ha insinuato il sospetto che l'avventuroso guerriero giunto a Itaca non fosse davvero Ulisse».

«Christine, ma allora tu...» il dottor Maitland afferrò la mano della sua compagna.

«Aspetta, sentiamo l'interpretazione di Mr Borra» lo invitò Christine. Poi, rivoltasi all'architetto: «Le sarei grata se ce la raccontasse con qualche dettaglio. Poi le dirò il perché».

Con un sorriso quasi di scusa l'altro riassunse il suo percorso di lettura: «È cominciato col primo verso dell'*Odissea*: loro, che sanno il greco, discutevano su come tradurre l'aggettivo che qualifica il protagonista. *Polytropos*, l'ho imparato anch'io. Ma se la menzogna è il tratto che contraddistingue questo eroe, non le sembra strano che tale menzogna si traduca semplicemente nel fingersi un poveraccio davanti ai pretendenti? Non è poi che ci guadagni molto... E cosa c'è d'altro? Due battute con Polifemo. In quasi tutte le mirabolanti avventure narrate, la soluzione viene da fattori esterni. La vera menzogna – che davvero lo qualificherebbe *polytropos* – sarebbe il fingersi Ulisse quando, giunto in un'isola che ha perso il suo signore, comprende che la regina e suo figlio non desiderano se non di essere liberati da una massa di sfruttatori – non solo prepotenti, ma possibili assassini. La situazione gli è favorevole, perché la madre di Ulisse è morta, il vecchio padre è completamente rimbambito – non lo tengono neppure piú a palazzo, è accudito in campagna – e il figlio non può identificarlo: era un lattante quando Ulisse è partito per la guerra. E infatti Penelope non riconosce l'uomo che si presenta in casa sua; sarà solo dopo la strage e dopo che...»

«Un momento» disse Wood «c'è il cane Argo».

«Sí, c'è il cane Argo. E, lo confesso» Borra aprí le mani, come in segno di resa, «è il riconoscimento che piú mi sembra valido. Un cane non sbaglia, a distanza di tempo o per il mutare delle nostre fattezze negli anni; un cane non fa finta di riconoscere qualcuno perché gli conviene. Ma poi, rileggendo l'episodio – quella prima sera della nostra spedizione, nella tappa ai "Bagni di Diana" – mi è venuta in mente una piccola esperienza personale: Bouverie (ricordate?) ci aveva proposto di bere un punch; abbiamo brindato tutti insieme e poi fatto montare le tende. Si stava apprestando la mia tenda, ed io avevo solo una visione parziale del campo, quando ho visto Nemi rivolgersi a Jamaica e dire: "Per amordiddio, non trattare cosí quel cavallo!" Mi è sembrato molto strano. Dawkins che maltratta un cavallo, quando mai? Poi mi hanno scostato il lembo di tenda e ho visto che Nemi si era rivolto a una guida, che in quel momento passava proprio vicino a Jamaica».

«E allora?» fece Wood.

«Allora ho riletto l'episodio. Eumeo e il suo ospite sono giunti a palazzo, e si fermano a discutere sulla soglia: al sentire le loro voci un cane, accucciato lí vicino, tende le orecchie. "È il cane di Ulisse, Argo" spiega il porcaro. E ne vanta le prodezze, ne ricorda la velocità e il vigore, ne depreca l'abbandono da parte dei servi. Argo è lí, giacente sopra un mucchio di letame – si indigna il buon Eumeo – un cane allevato da Ulisse, che era stato suo compagno di caccia, e che anche dopo la partenza del re i giovani conducevano nelle battute; un cosí bravo cane che ora, invece... Argo alza la testa: è vecchissimo, è allo stremo. Vede (o sente?) il buon Eumeo, a cui è caro: vede (o sente?) un'altra figura sulla soglia. Parlano di lui con affetto: coglie il suo nome, nel calore di una voce amica. E in quel momento, Argo se lo prende il nero destino di morte».

Tutti tacevano. Avevano persino posato forchette e coltelli (tranne il capitano Puddie, che continuava a spolpare il suo galletto) e bloccato con un gesto i camerieri.

«Eumeo?» fece Bouverie.

«Eumeo».

Wood accentuò la sua espressione dubitosa, mentre Dawkins sembrava colpito: «Potrebbe anche essere... sono in due ad avvicinarsi ad Argo... la povera bestia trascurata e ormai morente vede accostarsi una persona amica, sente parole affettuose, scodinzola grata e poi...»

Di nuovo silenzio. E poi qualcuno riprese a servirsi. Era Wood che scuoteva la testa e si faceva riempire il piatto: «Ma ci sono tutte le altre agnizioni» osservò prima di addentare una fetta di lesso. «C'è quella della nutrice e c'è quella di Penelope stessa, alla fine. Le hai smontate tutte nello stesso modo?»

«Ben piú facilmente».

«Ascolta Torquilino, ascoltate amici» (*o fíloi*, tradusse fra di sé Borra). «Credo valga la pena di dedicare a questa tua lettura, che vedo completa mentre noi la credevamo uno scherzo episodico, la prossima seduta omerica» Dawkins era intervenuto con la consueta pacatezza, facendo cenno ai servitori di procedere con le portate. «Oggi siamo tutti stanchi. Domani potremo seguirti con il testo in mano. Vorrei invece invitare Mrs Maitland a dirci come mai è cosí interessata alla questione».

Videro il medico scozzese baciare la punta delle dita di Christine; poi lei alzò il viso verso Dawkins (aveva neri occhi luminosi) e disse: «Omero è stato il nostro protettore».

Come un ciuffo di lana che comincia a sbrogliarsi e a disciplinarsi sul fuso – ma ancora con qualche viluppo che rallenta il lavoro alla filatrice – la storia della loro «maledetta primavera» prese a dipanarsi in parole. Raccontava in inglese, con qualche esitazione; poi si scusò e – con l'assenso di tutti – continuò in francese.

Da Avignone a Venezia, da Corfú alle Cicladi; e lí, davanti a Santorini, il naufragio. Avevano perso tutti i bagagli, avevano perso il suo piccolo cane («No, non si chiamava Argo; e non era un valente cacciatore. Solo un timido cane da compagnia, che si nascose per il terrore quando lo scafo cominciò ad affondare, fra scosse e subbugli; e non lo si riuscí piú a trovare»). Aveva quasi perso la vita – lui, sí lui – nel vano tentativo di ritrovare e salvare il cagnetto della moglie. A un certo punto i marinai avevano deciso di lasciarlo perdere, poiché non riaffiorava... all'ultimo istante era riapparso in un tremito di freddo.

«E poi freddo e poi febbre. Arrivammo come naufraghi al convento di Sant'Irene. Io sono cattolica: sapevo che c'erano stati vari conventi sull'isola, ai tempi veneziani, e che ce n'era ancora almeno uno. Ma eravamo una coppia e non potevano ospitarci. Ci procurarono una casa – una delle abitazioni locali, in grotta. Ed io spesi la metà di quel che avevamo in coperte».

Una pausa; il medico bevve un sorso di vino. Il suo volto, che al loro arrivo appariva sano e colorito, si era fatto terreo. Fu Christine, stavolta, a prendergli la mano: «Conoscete Santorini?»

Solo Wood conosceva di fama l'isola, ma senza esserci mai stato: «È il resto di un vulcano che è esploso e sprofondato, non è vero? O forse il vulcano è ancora attivo... Mi sembra che l'isola sia nota perché produce un ottimo vino».

Christine gli sorrise e bevve un sorso dell'altrettanto ottimo Bordeaux. Wood cercava fra i suoi ricordi: «È nota anche per un'altra cosa... qualcosa di strano... Ah sí, ora mi viene in mente: una storia di vampiri».

«Santorini è abitata da ortodossi, cattolici e vampiri». Christine si sforzava di usare un tono scherzoso. «Nessun dissenso teologico: ai vampiri credono gli uni e gli altri. Noi due, penso, abbiamo capito abbastanza presto di che si trattava. Un morso c'era, e preoccupante, ma...»

«Di un serpente locale?» Dawkins era interessatissimo.

«Di un ragno. Vivevamo in un'abitazione-grotta».

«Quando» intervenne Maitland «dall'edema che mi ritrovai, capii che la notte ero stato morso da un ragno velenoso, le pene aumentarono. Era difficile per noi procurarci qualsiasi cosa. E poi non conoscevo esattamente quale fosse la specie del mio "vampiro" notturno».

«Eri spossato dalla febbre, preda di incubi. E poi venne il periodo peggiore. Un'invincibile malinconia che si prolungava indefinitamente ti bloccava a letto, ti faceva deperire». Christine gli lasciò la mano e si protese verso gli altri commensali. «Si accusava di tutti i nostri mali, coltivava pensieri suicidi. Non sapevo come parlargli, di che parlargli. Avevamo grandi problemi pratici; ma i peggiori erano quelli dell'anima».

«Malinconia» citò il medico scozzese «tormento che crocifigge l'anima, avvizzisce i corpi, rende incavati gli occhi e i volti pallidi, smagriti, orridi d'aspetto. Spesso accompagnata da visioni, dalla convinzione di essere visitati da demoni... *Tales melancholici plerumque daemoniaci.* Non era il mio caso, ma non stavo molto meglio».

«Sí, mi citava l'*Anatomy of Melancholy*» riprese Christine «ed io pensai che quel libro potesse essermi utile. Provai a chiederlo ad alcuni conventi ortodossi e a qualche proprietario terriero. Nessuno l'aveva. Ma avevano una copia di Omero».

Erano tutti stanchissimi, ormai: i quattro esploratori provati da ore di lavoro e di galoppo, i due ospiti segnati dalla pena dei ricordi. Ma la curiosità li teneva attenti.

Christine abbreviò il racconto, rinviando i dettagli ai giorni di navigazione comune che li attendevano. Aveva ricevuto da un ricco viticultore – a cui, da francese competente, offriva consigli sulla vinificazione – un'*Odissea* in greco con traduzione a fronte. Avevano cominciato a leggerla insieme, nella casa-grotta, ed era stato miracoloso.

«Ero ossessionato dalla verticalità della costa in cui erano scavate le abitazioni» ricordò il medico. «Mi avvicinavo al bordo, sentivo un esile muro d'aria che si frammetteva fra me e l'abisso. Mi spaventava e mi attirava. A fatica rientravo verso il fondo della nostra caverna. Poi tutto cambiò. Avevamo un libro. Dopo aver perso tutto, ora avevamo ancora un libro. E che libro! Vagavamo per Itaca, che mi dipingevo simile a Santorini, erta e sassosa; seguivamo Telemaco a Pilo e a Sparta. Christine era cosí appassionata che cominciai a insegnarle il greco».

«Che bella lingua, il greco! Ma mi ero già letta tutta la traduzione, in velocità. Cosí, quando quella copia ci fu rubata (l'avevamo portata con noi in una passeggiata, e lasciata nella mia borsa) proseguii la narrazione a modo mio. Christopher, che aveva studiato Omero, notava le variazioni che apportavo al testo e ne discuteva con me. L'inizio della vicenda di Ulisse, per esempio, quando lui giunge all'isola dei Feaci, viene accolto nella reggia e comincia a narrare le sue avventure: ne feci una variante in cui un naufrago racconta mirabili storie di mare – tutte le leggende che corrono fra i marinai del Mediterraneo – fingendo di averle vissute per acquisire la benevolenza dei suoi ospiti».

«I marinai mentono, si sa» fece la voce ridente di Bouverie.

«Infatti noi diciamo: "*Menteur comme un marseillais*"[2]» convenne Christine. «Per questo l'interpretazione data dall'architetto mi ha colpito».

«Propongo di consacrare la riunione omerica di domani alle due letture dissacranti di Borra e della signora Maitland» concluse Dawkins. «Anch'io sono curiosissimo».

La notte era ormai avanzata. «*Deduke men a selanna*» citò Wood sbadigliando; poi, con un inchino alla signora: «Tramontata è la luna. E anche le Pléiadi ci dicono di andare a dormire»[3].

10. *Dalla nave* Matilda *che risale la costa turca*

Nei musei mi fermo sempre davanti ai sangirolami. I pittori rappresentano l'eremita come uno studioso. [...] Poco piú in là è accucciato un leone, domestico, tranquillo. [...] Lo si spieghi come si vuole, è piaciuto ai pittori che san Girolamo abbia con sé un leone (prendendo per buona la storiella della spina nella zampa, grazie al solito *qui pro quo* d'un copista).

ITALO CALVINO, *Il castello dei destini incrociati*

«Jesce sole» cantava qualcuno. E il sole non si era fatto pregare.

La nave filava verso i Dardanelli. Appoggiato a una scialuppa, Bouverie respirava quella mattinata di sole e di vento. Aprí il suo taccuino, tentò qualche verso, li cancellò; poi chiuse gli occhi per assaporare appieno la felicità dell'ora. Sul libretto d'appunti restò scritto: «10 giugno. Il mare è vivo quando brilla il sole; uccelli di luce si posano sulle onde, di istante in istante, e volano via».

Anche i due Maitland salirono sul ponte. «La giornata si dispone armoniosa intorno a quel che lei ci racconterà oggi nel nostro incontro omerico» disse galante Nemi. Christine si schermí, ma il dottore riprese il complimento: «Non solo racconterà, ma potrebbe leggerglielo. Ha lungamente trascritto quelle sue fantasie durante i giorni in cui vi abbiamo atteso a Çanderli. Nella sua bella cabina» aggiunse dopo un momento «di cui noi ancora la ringraziamo».

«Con tutti quei libri!» fece Christine. «Che meraviglia! E poi, anche quelli della biblioteca... Siamo stati davvero fortunati».

«E che cosa ha scritto?» chiese Nemi. «Spero che san Girolamo l'abbia ispirata». Sopra il suo scrittoio era appesa un'incisione a bulino di Dürer: uno dei vari san Girolamo dell'artista tedesco, presentato assorto nella scrittura, in un'ampia cella screziata di sole, allietata dalle presenze di un cagnetto e di un bonario leone. Bouverie l'aveva scelta per il suo alloggio perché gli sembrava che ne prolungasse gli spazi e la disposizione: le panche e il tavolo in prospettiva, gli oggetti dello scrivere, il gioco della luce che entrava dalle finestre – quasi una *mise en abyme* della cabina, come la magica sequenza che appariva negli stemmi di alcuni suoi amici.

«Forse è proprio san Girolamo che mi ha spinto a scrivere, dopo anni» sorrise Christine. «Lui protegge i traduttori ed io, in certo qual modo, traducevo Omero in una storia che mi apparteneva. O forse, piú che il santo, era il leone a darmi fiducia. È il leone piú simpatico e bonaccione che abbia mai incontrato in un quadro... Devo confessare di avere un debole per i sangirolami».

«Anche lei?» si entusiasmò Bouverie. «Allora non sono l'unico! Io li raccolgo soprattutto in rapporto ai leoni: copiati dal vero da un pittore fortunato, inventati a partire dal gatto di casa, ripresi da bassorilievi antichi... D'altronde la storia della scheggia che rende amico il leone è di fonte classica, lo ricordiamo tutti.

«Il piú bello l'ho visto a Napoli: un san Girolamo che sta estraendo la *spinam ingentem* dalla zampa di un leone volonterosamente mite ma perplesso. "Mi farà male?" sembra che si chieda. San Girolamo è intento all'opera, probabilmente usando lo stilo con cui è solito scrivere, e non si preoccupa. Intorno a lui, il perfetto disordine di un *cabinet de philosophe*. Il leone guarda verso lo spettatore con un'espressione che dice: "Io sto qui buono buono... però se mi fa male, allora io..." Un quadro meraviglioso che ho visto nella chiesa di San Lorenzo Maggiore e che forse, se fossimo rimasti piú tempo a Napoli, sarei riuscito ad acquistare...»

«Se ripassate a Napoli nel ritorno...»

«Vedremo, vedremo...»

Salí in coperta anche Dawkins, con un'aria radiosa: «Ti scopro con in mano il Taccuino di poesia» disse all'amico, attirando l'attenzione di Christine.

«Dunque il san Girolamo indica che lei scrive» sorrise la francese con aria maliziosa.

«Siamo colleghi, Madame: abbiamo in comune scrittura e sangirolami». Bouverie si incuriosiva: «Ci leggerà il suo testo?»

«Solo se lei mi mostra qualche suo verso».

«Vedremo, vedremo...»

La nave filava verso i Dardanelli. Uccelli di luce si posavano sulle onde, di istante in istante, e volavano via.

Si ritrovarono in sei nel pomeriggio, per la riunione omerica. Furono concordi nel ripercorrere il poema dall'inizio, dando spazio alle letture (che Bouverie definí «spettinate») di Borra e di Christine. I due eterodossi si consultarono per l'esposizione. Era elemento comune innanzitutto l'interpretazione delle figure degli dèi omerici quale traduzione in immagine poetica di forze della natura o della psiche.

«Nella mia lettura e, penso, in quella di Mr Borra, c'è un'altra divinità da abrogare» intervenne Christine. «Il dio onnisciente e onnipotente che ha creato il testo: sí, Omero. Dobbiamo prescindere dai modi del suo intervento. L'autore, nel poema, dice il suo eroe "Ulisse" e parla di "riconoscimenti". Noi ne facciamo invece una lettura distorta, partendo dalle mere azioni dei personaggi e non dalle forme con cui il poeta ce le presenta».

«Ipotizziamo che Omero possa mentirci?» disse Dawkins. «Possa anzi divertirsi a mentirci?»

«Certo. La letteratura è menzogna» gli rispose Bouverie, ammiccante. «Mirabile menzogna che crea un mondo alternativo...»

«Oppure» intervenne Christopher Maitland, con la voce di chi racconta una favola, «potremmo immaginare vicende alternative nella biografia stessa di Omero, come abbiamo fatto sfrontatamente noi a Santorini. Per esempio che, finita la guerra di Troia e scomparsi quei regni, ma non la memoria degli eroi vittoriosi, qualcuno si insedi in un'isola o in una città dicendosi discendente di un antico re. Omero, aedo che viene a esibirsi a corte, non può metterne in dubbio l'asserzione, pur ritenendo che il signore del luogo sia solo uno spregiudicato guerriero impadronitosi del potere. Cosí canta il ritorno di Ulisse – mimando fors'anche le gesta del *basiléus* locale, che ne è lusingatissimo e lo colma di doni. Ma il poeta ha ben chiaro che il preteso erede di un sovrano acheo è solo un abile e spietato *parvenu.* E si diverte a costruire un percorso di indizi leggibili soltanto da chi sa... o magari tutti, nel popolo, sanno chi è in realtà il signore del luogo, e si dilettano maligni al racconto».

«Un doppio livello del canto?» interruppe Wood. «L'ho visto fare nel contado di Firenze, con certi strambotti politici. Sembravano in lode del signorotto locale, che se ne compiaceva, ma c'erano i sorrisini della gente a insospettirmi: e poi mi hanno spiegato le allusioni a certe sue ruberie di terreni. Le denunciavano cosí, mettendolo alla gogna senza che lui se ne accorgesse».

Qualche altro esempio – tutto inglese stavolta – fu avanzato da Dawkins, che concluse: «Bene. Accettiamo provvisoriamente la cancellazione delle divinità greche e la sospensione del patto di fiducia fra autore e pubblico. Ora possiamo – come dice il poeta – cominciare dal cominciamento. Riapriamo il libro sulla prima scena: gli dèi si ritrovano in consiglio e si parla di Ulisse».

«A Santorini» riprese Christine «ci siamo a lungo interrogati proprio sull'inizio dell'*Odissea*. Gli dèi sono amichevolmente riuniti sull'Olimpo, commentano la trista sorte di qualche eroe e decretano che Ulisse possa tentare il ritorno. Poseidone, suo nemico, se ne è andato nella terra degli Etiopi. Traduco: c'è bel tempo e il Mediterraneo è calmo. Si può rischiare una partenza per mare. La guerra di Troia è finita da anni, alcuni re sono tornati, altri uccisi al loro ritorno in patria. Quello che sarà il protagonista del poema – che anche noi, per semplificare, chiameremo Ulisse – è trattenuto prigioniero presso Calipso... avete il testo? Può leggerlo lei?»

Borra aprí la traduzione:

In un'isola dove sta l'ombelico del mare,
un'isola boscosa abitata da una dea, la figlia
del terribile Atlante, che conosce tutti
gli abissi del mare.
(I, vv. 50-53)

Una pausa. L'architetto alzò gli occhi perplessi verso i volti che lo fissavano: «Qui non so cosa dire... mi sembra che la mia interpretazione cigoli». («A me tu sembri proprio il leone dipinto da Colantonio» stava per commentare Bouverie. Ma si trattenne.)

«Ci siamo lungamente interrogati anche noi sulla dea Calipso» aggiunse Christopher. «Traducendo dal divino all'umano, cosa può indicare un nome che designa "Chi nasconde"? Ulisse prigioniero, o nascosto per sfuggire a un nemico? O che sta compiendo azioni che è meglio nascondere? Confesso che non siamo riusciti ad accordarci su una risposta».

«Meglio» disse Bouverie. «Potremmo proporcelo come sfida. Seguiamo le letture di Torquilino e della signora Maitland e fra tre giorni facciamo una riunione in cui proponiamo le nostre ipotesi su Calipso. Quale premio per la migliore lettura, cosa suggerite?»

Nell'allegro scompiglio che seguí si accordarono su un dono scelto in qualche bottega di Costantinopoli e che sarebbe stato offerto al vincitore dagli altri membri della spedizione (uno sguardo d'intesa fra Nemi e Jamaica anticipò che il premio sarebbe stato dato in ogni caso ai Maitland).

Ripresero il percorso omerico.

Qualunque cosa indicasse il nome «Calipso» (l'avrebbe decisa quella che era già soprannominata «la sfida costantinopolitana») l'inizio del poema vedeva il protagonista imbarcarsi su una specie di zattera, mentre – in parallelo – Telemaco partiva di nascosto da Itaca. Da un lato un viaggio fantastico, fra mostri e maghe, dèi e orchi, che approda a un'isola felice, dagli alberi eternamente carichi di frutti; dall'altro un percorso realistico di corte in corte nelle terre greche.

Bouverie annuí: «Qui non c'è bisogno di "letture spettinate", tutto è già perfettamente realistico: la resa della situazione politica a Itaca – da dove, già l'abbiamo detto, la partenza di Telemaco non ha bisogno di nessun suggerimento divino –, il suo viaggio nei regni di Pilo e Sparta, da cui non derivano notizie né alleanze; però noi abbiamo modo di familiarizzarci con i rituali sociali dell'epoca».

«In ogni città del suo viaggio» chiosò Wood «si conferma, infatti, il disegno politico che abbiamo visto a Itaca: una monarchia ereditaria, un'Assemblea dei maggiorenti. È lo stesso disegno di potere che ci viene presentato sull'Olimpo, nel rapporto fra Zeus e gli altri dèi».

«Nella descrizione della traversata e dell'arrivo di Ulisse» prese a dire Borra, brandendo la traduzione di Pope, «è palese che la menzione di un intervento di Atena indica semplicemente che a qualcuno è venuta un'idea. Per esempio, durante il naufragio, quando la zattera di Ulisse è travolta e un'ondata lo scaglia contro la "riva rocciosa", come viene narrato il fatto che lui si aggrappi alla roccia?

> E qui si sarebbe strappata la pelle e rotte le ossa,
> se Atena, la dea dagli occhi splendenti, non gli avesse ispirato
> l'idea di afferrare di slancio con ambo le mani
> la roccia.
> (v, vv. 426-429)

«Stai annegando e ti afferri allo scoglio. È ovvio. C'è bisogno che venga a suggerirtelo una dea?»

Gli altri annuirono; avevano già discusso il tema in una riunione, ricordò Wood.

«C'è un'altra divinità» intervenne Christine «che appare nella descrizione del naufragio. Poseidone – o, se vogliamo, il mare infuriato – sta facendo affondare la zattera, ma…»

Porse il libro a Borra, che lesse con la sua bella voce grave:

Lo vide la figlia di Cadmo, Ino dalle belle caviglie,
Leucotea, che un tempo era una donna, dotata di voce umana,
e ora sul mare gode onori divini.
Ebbe pietà di Odisseo, afflitto, errante sull'acqua,
e simile a un gabbiano alato, uscí dalle onde. […]
«Prendi questo velo, mettilo sotto il tuo petto:
è immortale, e non devi temere di soffrire o morire».
(v, vv. 333-347)

«Pochi giorni or sono stavamo discutendo proprio di questi versi» riprese Christine «e Christopher utilizzava i dizionari che avete in biblioteca per spiegarmi le parole. "La dea gli dà qualcosa come un velo" mi diceva. "Ulisse lo mette sotto il petto e non affoga". La parola greca indica una stoffa che si mette in capo, un nimbo… oppure il tessuto impermeabile che chiude un vaso, il coperchio che si adatta al tondo collo di un'anfora. Mentre discutevamo si è avvicinato un marinaio e, in un francese un po' *sabir*, ci ha detto: "Noi lo usiamo tutt'ora nel golfo di Napoli: una vescica piena d'aria per galleggiare"».

Il sorriso di Borra era contagioso: «Un marinaio un po' anziano, scommetto! Cari amici, il nostro Nunzio è davvero prezioso!»

La riunione si era fatta allegra come un pomeriggio fra studenti. «Invitiamo qui il marinaio napoletano» propose Bouverie.

«Perché no?» accondiscese Dawkins. «Ha risolto per noi un enigma omerico. Diamogli un piccolo premio, come al vincitore di una "sfida costanti-napoletana"».

(Ancora risate, mentre Wood si adoperava volonterosamente a ristabilire il proprio prestigio raccontando che, in effetti… non ci aveva pensato, ma durante un precedente viaggio aveva visto sull'Eufrate zattere sorrette da quel tipo di otri.)

Nunzio venne chiamato e si presentò con il giovane cugino, impacciatissimo ma pertinace nel seguirlo sempre. Quando Dawkins gli rimise una piccola somma, ringraziandolo per l'informazione che li aveva aiutati «a interpretare un'antichissima storia greca che ci appassiona, quella di Ulisse», Nunzio ringraziò, si disse lusingato e infine rivelò: «Sí, di Ulisse ho studiato un po' la storia alla scuola dei Gesuiti: ne parla il nostro massimo poeta. Ma anche Tonino la conosce, pur se non è andato a scuola. È una di quelle che si narrano d'inverno nelle stalle».

E la riunione di studenti si mutò in un racconto fatato. Poiché in certe campagne, durante le fredde notti d'inverno, i contadini si riunivano nelle stalle. «Le donne filano e dicono il rosario, le bestie masticano e tengono caldo, i bambini si addormentano in braccio ai parenti. E a un certo punto si cominciano a raccontare storie: Alí Babà e i quaranta ladroni, la sposa che mangia i morti, Ulisse che va per mare e incontra mostri e incontra maghe ed è come Don Garzia, racconta frottole…»[1]

11. *Dalla nave* Matilda *all'altezza dei Dardanelli*

The passion of love [...] was unknown to the manners of that age. [...] The prude and coquette are as much beyond Homer's knowledge of life, as his employing royal beauty in the meanest offices of domestic drudgeryfalls short of the refined attentions of modern gallantry[1].

ROBERT WOOD, *Essay on the Original Genius and Writing of Homer*

12 giugno 1750: Old Castles. Il quaderno di Borra si arricchisce di una mappa dei Dardanelli e di qualche disegno di fortezze. La giornata si movimenta perché Puddie desidera sbarcare e far visita al capitano Bashaw, un commilitone accampato in loco; Wood e Dawkins lo seguono e intanto, a bordo, si giunge a uno scherzoso compromesso fra Christine e Nemi.

«Una sua pagina in cambio di una mia pagina. Io sola leggerò il suo testo, lei solo leggerà il mio. L'ho scritto per Christopher, è molto personale».

«Una mia pagina in cambio di una sua pagina, va bene. Io non amo mostrare cose imperfette, e so imperfetto quello che scrivo».

I due scendono nelle rispettive cabine. Dopo qualche tempo ne risalgono e si scambiano due plichi sotto lo sguardo complice del medico scozzese. Si separano.

Bouverie resta all'aperto: si fa portare una sedia araba da campo. Si accomoda a leggere. A Borra, che sale in coperta ma si dice occupatissimo con i disegni della spedizione a Sardi e a Pergamo, conferma che per quel giorno non si prevede alcuna riunione omerica: «Lo so, si era parlato di commentare l'arrivo di Ulisse all'isola dei Feaci e l'incontro con Nausicaa. Ma non sappiamo a che ora rientreranno i nostri compagni. Meglio fissare la discussione per domani».

Ora è solo. Il cielo vibra di luce; un vibrato soddisfatto sale dalla gola del gatto di bordo, sbucatogli accanto e allungatosi presso la sedia. Bouverie apre la busta datagli da Christine e legge i pochi fogli. (La scrittura è nervosa. Il francese, elegante.)

Uno di noi aveva paura.
C'era il mare là sotto, intorno all'isola, al fondo della parete verticale; e quel blu trionfante che ci abbagliava nel sole si trasformava, di notte, in abisso.
Uno di noi sognava di cadere, e si svegliava madido, aggrappandosi all'altro, al letto, al cuscino.
Uno di noi trovava che la bellezza era terribile; e ritraendosi dalla voragine, la mattina, nelle colazioni che ci rendevano uguali agli dèi (miele e latticini, oro e turchino del mare, nero e candore dell'isola) diceva: «Mai piú qui, mai piú».

Uno di noi sapeva delle storie.
E cominciò a narrarle perché l'altro sorridesse e dormisse, nel respiro di quel mare azzurro-nero. E guardando l'altro dormire, nei suoi colori tenui, nelle sue lunghe belle forme venute da lontano, uno di noi aveva paura, poiché la bellezza è terribile.
Ma fintanto che durava l'amore, e nessuno li scopriva, e l'isola li stringeva prigionieri, bellezza e paura potevano addormentarsi cullate dalle storie, sera dopo sera.
Cosí uno di noi cominciò a raccontare, quando si faceva notte, nel respiro liquido che saliva dal fondo.

Raccontò di un uomo astuto, che lottava col mare, che sapeva delle storie.

> *I marinai odiano tutti il mare. In questo crollo fradicio di onde, di buio d'ore frigide di stelle, in questo cadere in vertigine e riaffiorare esausto sopra la muraglia d'acqua – piovra che mi prende e mi sbatte, scaglia tagliente, medusa che mi urta urtica e spella – vorrei giungere a terra per morire.*
> *Toccare terra: me lo dico da giorni a farmi forza, me lo ripeto ora, persa la zattera e l'orientamento. Toccare terra almeno per morire. Il mare ti cancella occhi e bocca, ti chiude gli orecchi, ti lega le membra. Non vedo che acqua dalle fessure brucianti delle ciglia; non sento che l'urlo risalente delle onde; il mio corpo si è fatto infinitamente pesante, e infinitamente pesa il braccio che si allunga verso la costa invisibile.*

Cosí giunse nell'isola.
Cosí precipitò contro il basalto, fu rigettato a mare dal dolore, mani braccia spellate costole spezzate, volgendo al largo in un ultimo sussulto di forza lucida.
Cosí vide infine la spiaggia oltre gli scogli, mentre la tempesta si stancava di lui e lo lasciava arrancare fino alla sabbia gelida.
«E poi?»
Poi si addormentò, o forse svenne. Poi fu inghiottito dalla notte.
«E poi?»

> *Era nuda, allungata sulla sabbia. Il mare le saliva fino al ventre, schiumando lieve fra le gambe aperte. L'onda si ritirava lungo i piedi, aspirata dall'enorme fauce azzurra, lasciando un luccichio sui minuscoli granuli rotondi.*

Poggiata sui gomiti, guardava verso il mare; io la guardavo dall'intrico di foglie, valutando le distanze.
Qualche traccia della notte di tempesta restava ancora in quel mattino di sole: alghe e legni buttati sulla spiaggia insieme a me. Ma io ero riuscito a trascinarmi fino alla macchia, seppellendo fra i mirti il mio corpo martoriato. E l'alba era stata un risveglio di odori, un balenare bianco e agliaceo di gigli, un uccello petulante che gridava: «Io! Io! Io!»
Troppo dolente e prudente per tentare un assalto, spiavo quella morbida biondezza.
Poi ricaddi col viso entro l'erba bagnata.

«Where, what, when, who, why?» mi chiedi.
Dove, se non nel Mediterraneo. Se non un naufragio, se non un naufrago. Se non in un tempo simmetrico a quello in cui viviamo noi, amore mio, a uguale distanza, forse – ma certo dall'altra parte – da quell'anno scelto dai nostri popoli per dividere e numerare il tempo (anno d'avvento di un Dio o di un profeta? anno di fondazione di una città o di un impero?).
Se non perché è la storia di un avventuriero, esperto di città, di uomini e di dolori.

Rinvenni – o forse mi svegliai. C'erano intorno a me macchie di mirto.
C'era anche lei, ancora, ma piú lontana. E altre ragazze.
Erano state loro a destarmi, chiamandosi e cantando e ridendo forte.
Ora mi alzerò, pensai, per chiedere aiuto. Ma avranno paura.
Faccio paura, nudo, pieno di tagli. Un fantasma, un disperato, un pericolo.

Eppure si alzò, ondeggiando. Si passò le mani sul corpo – le gambe corte e robuste, le braccia muscolose, la barba e i capelli come blocchi di peli e di salsedine. («Faccio paura» mormorava, «faccio paura».)
Ma riusciva a stare in piedi e a pensare.
Esagerò il barcollare della debolezza; nascose il sesso con un ramo di mirto, perché non temessero le sue intenzioni.
Fra le ragazze giunse un naufrago, piú fragile di loro: con la mano libera faceva il gesto con cui si pregano gli dèi.

Intorno a questo mare tante sono le lingue dei marinai.
Io ne so alcune; di altre so le parole necessarie alla fame, al commercio, alla morte, alla preghiera.

Anche l'uomo che avanzava sulla spiaggia sapeva le parole necessarie; e il suo nome era solo una parola, che cambiava dall'una all'altra riva.

Bouverie strinse forte i fogli, che il vento cercava di disperdere. Poi alzò gli occhi verso l'azzurro, socchiudendo gli occhi abbacinati. «Una mattina di sole» ripensò. «Nausicaa e le giovani ancelle giocano a palla, mentre i bei panni lavati asciugano, stesi sulla ghiaia pulita. Una mattinata di suoni felici. Ragazze che ridono, chiocciolio di torrente, lieve risacca...» Allontanò garbatamente il gatto che cercava di balzargli in grembo e aprí il taccuino rilegato in pelle color dell'erba.

Seduta nella sala delle consultazioni mediche – vuota come al solito, tranne per la sera in cui Christopher aveva medicato un marinaio infortunato – Christine disfò il suo plico. Troppo pesante per qualche foglio con la trascrizione di una poesia, si era detta. Forse Bouverie, malgrado l'aristocratico disdegno e l'acuto senso critico, aveva pubblicato un libro di versi e gliene offriva una copia.

Ma il pacco conteneva l'incisione di Dürer, avvolta in un foglio che, dispiegato, mostrò una costellazione di parole. Christine le mise in fila, vagando in verticale e orizzontale sulla pagina. Era un tributo al loro leone:

Lui lo sa
– forse –
quello
che noi piú non sappiamo.
Lui che scatta
lui che scava

che azzanna senza rimorso
che fugge senza lamento.

Lui forse lo sa
– forse –

o
forse anche per lui
c'è sapore e paura
e inesplicata voglia
e poi
dolore.

Christopher le si avvicinò in silenzio. Christine gli mostrò il san Girolamo e poi il foglio che lo aveva avvolto: guidandolo fra gli spazi con il dito gli fece ricostruire il testo. Sapeva che, dal giorno del loro incontro, il medico aveva votato a Bouverie una sconfinata gratitudine. Tutti erano stati ospitali e complici, ma il giovane inglese mostrava un generoso entusiasmo che (pensò Christine) un po' lo apparentava nel carattere a Christopher stesso. E forse davvero nel giovane inglese c'era un poeta, nascosto dall'autoironia.

Rientrarono insieme nella loro cabina, vi depositarono il «piccolo tesoro».

Si ritrovarono tutti sul ponte al momento del ritorno dei tre viaggiatori. Questi parlavano con animazione della visita all'accampamento e nei dintorni: Wood e Dawkins avevano passeggiato lungo le complesse fortificazioni dei castelli, mentre Puddie, accompagnato dal suo amico, il capitano Bashaw, aveva visitato anche uno dei tre superbi velieri alla fonda «*larger than our Eighty-Gun Ships*». Stendendo quella sera il diario di bordo, Dawkins avrebbe precisato: «Abbiamo sostato agli Old Castles per salutare il capitano Bashaw, accampato nella piana dietro al Castello; cinque galee nel porto, e un miglio piú in là tre velieri, di cui due piú grandi delle nostre navi da ottanta cannoni».

Con qualche timidezza, Christine si accostò a Nemi, che festeggiava con ironica esagerazione «gli amici reduci da bellicosi mari e da alti manieri».

«Grazie. Non so come ringraziarla di un dono cosí prezioso. Ma vorrei davvero leggere una sua poesia tutt'intera, non solo un gioco – per quanto delizioso – dove i versi sono distribuiti come i graffi di un animale».

«Di un gatto, piú che di un leone, vuol dire? Ha ragione. Come un povero pittore che non è mai stato in una *ménagerie royale*, anch'io mi sono ispirato in realtà al nostro piccolo felino».

«Non voglio essere assillante. Mi darà qualcosa di

completo quando ne sarà soddisfatto. Nei prossimi giorni, o nei prossimi mesi, scrivendomi a Costantinopoli. Spero che là avremo un alloggio a cui indirizzare la posta, e non un nascondiglio...»

Il tramonto si avvicinava in una deliziosa frescura: il capitano Puddie diede l'ordine di salpare.

Sfilarono Sesto e Abido, si disegnò il profilo di Gallipoli – ammirata da tutti come «degna del suo nome, sembra davvero una bella città» (Borra trascrisse «*Calí polí*» sul suo quaderno di greco).

Ancora per un poco videro fiammeggiare alle loro spalle il sole rosso, schiacciato sull'orizzonte, e il suo riflesso rotondo e roseo sulle acque. Ancora per un poco commentarono la giornata passata e pregustarono quella futura.

Poi scese la sera, cancellò le parole.

12. *Dalla nave* Matilda *nel Mar di Marmara*

> Twenty years to get home?
> A man finds his shipwrecks,
> tells himself the necessary stories[1].
> STEPHEN DUNN, *Odysseus's Secret*

Sarà stata la giornata ventosa, o l'ampliarsi del gruppo omerico da quattro a sei persone, o la strana perseveranza del capitano Puddie (fattosi piú estroverso dopo la gita al campo militare) a presentarsi nel quadrato con lievi pretesti; sarà stata la vicinanza di Costantinopoli, l'esaltazione dell'arrivo o la tristezza dell'imminente distacco; sarà stata l'inattesa libertà di giocare con il sacro testo di Omero invece di esplorarlo e di chiosarlo con citazioni classiche: il fatto è che l'atmosfera di quella riunione era tutt'altro che seria.

Ma in fondo era una riunione di sfida e di festeggiamenti: si sarebbero messe a confronto le interpretazioni date alla misteriosa Calipso, prevedendo un premio («A sorpresa!» fece Bouverie) per quella che piú sarebbe piaciuta al gruppo.

Wood dichiarò la sua astensione dalla lizza: il suo intento – ben lo sapevano – era stato solo di leggere il Mediterraneo attraverso le parole di Omero; cosí come il loro viaggio si proponeva solo di verificarne e arricchirne le conoscenze archeologiche. Si schermí argomentando diffusamente, e fu perciò dichiarato «giudice del torneo». A quel punto, nascondendo appena un certo compiacimento, riassunse la questione «nata da una particolare interpretazione dell'*Odissea* giocosamente esasperata da Torquilino», e passò la parola all'architetto.

«Non mi è facile» disse Borra con evidente impaccio (sembrava sentire la mancanza della barba in cui soleva nascondersi). «Mi par di muovermi bene nel testo, quando il racconto è realistico: la situazione di Itaca, il viaggio di Telemaco. Ma tutte quelle storie di mare, con Ciclopi e Sirene... mi sembrano proprio storie, insomma, come quelle che si raccontano ai bambini».

Tacque. Gli venne in aiuto Bouverie, con una diversione tesa a dissiparne l'imbarazzo: «Sapete che non riesco a dimenticare la scena descritta dai due marinai? L'*Odissea* raccontata in una stalla: due buoi che ruminano, una vacca col suo vitello che tetta, bestie e contadini con i piedi affondati nella paglia per stare al caldo. E nella paglia, vicino a qualche donna, mi immagino si scaldi anche un gatto, come nel bellissimo quadro di Barocci, lo conoscete? Quello di Firenze, ti ricordi, Jamaica? Dipinto come una sacra natività, ma al centro della scena non c'è Gesú Bambino bensí una micia col suo piccolo...»

«*La Madonna della gatta*» puntualizzò Dawkins. «Un quadro che ha avuto un enorme successo».

«Certo che i cattolici sono strani» commentò Wood. «L'ho visto anch'io: un dipinto che mi è parso davvero irriverente». Riprese il suo ruolo: «Allora, entriamo nella stalla di Nemi, e nel cerchio di luce di una lanterna immaginiamo un contadino che comincia a raccontare la storia meravigliosa ascoltata, magari a una fiera paesana. Vi si narra di un certo Ulisse prigioniero di Calipso. E Calipso è... Torquilino? Calipso è...?»

«Una torre» fece Borra a voce bassa. «Una prigione».

Silenzio. Questa volta Bouverie non intervenne per distrarre l'uditorio. E l'architetto dovette continuare, con l'aria di farlo a malincuore: «Le torri hanno a volte il nome della famiglia che le ha fatte erigere, o del primo custode, o del santo protettore. A volte hanno il nome della funzione che esercitano. Mi avete insegnato che cosa significa la parola "Calipso". E che cosa meglio di una prigionia può spiegare un lungo, coatto periodo di lontananza e un'evasione perigliosa fatta in solitario, con una zattera?»

«Calipso...» mormorò Dawking. «Io ti nascondo: ti seppellisco dentro di me».

Qualcuno cominciò a citare nomi di torri; Christopher e Christine disputavano se ci fosse mai stato un vero albero di tasso sul luogo del Castello d'If, ma ricordavano che, se due torri della prigione marsigliese avevano nomi di santi, la terza era un'accusa al «Malgoverno»[2]. Sembravano molto incuriositi dall'ipotesi di Borra.

«E dove sarebbe questa torre?» fece la voce di Wood.

«Non so... penso che le indicazioni che dà il poeta sulla dimora della dea potrebbero tradursi semplicemente con "lontano, sul mare". Non so... forse una persona esperta di navigazione come il capitano Puddie potrebbe dirci se una zattera può stare diciassette giorni nel Mediterraneo, e da dove potrebbe partire se poi raggiunge un'isola greca del Mar Ionio. Io non so, non sono un uomo di mare».

«Infatti, direi che la tua è una bella risposta da architetto. Ma il mio ruolo è di insistere: vediamo di completarla. La torre Calipso è una prigione, da qualche parte in riva del mare...»

«Magari su un'isola, proprio come il Castello d'If» fece Christine.

«Ulisse vi sarebbe stato rinchiuso... quando?»

Alle domande di Wood, Borra rispondeva con esitazione (paradossalmente, gli altri sembravano piú convinti di lui): «Ricordate quando abbiamo commentato l'autobiografia che viene raccontata al porcaro Eumeo? Sí, quella in cui il naufrago si confessa capo di una banda di predoni. Tutto fila nella sua storia, che è anche in perfetta armonia con il modo in cui si era presentato al pastorello, al suo arrivo sulla spiaggia di Itaca. Ma poi, quando racconta il fallito assalto alle terre egiziane? Sconfitti, i suoi compagni vengono massacrati, mentre lui chiede perdono al faraone e non solo si salva, ma si fa ricco: per sette anni "ammassai tra gli Egizi molte ricchezze: me ne davano tutti" (XIV, v. 285). Ci era sembrato strano... perché il faraone dovrebbe agire cosí? A meno che non intenda servirsi lui stesso di un abile guerriero; a meno che i beni non siano frutto di nuove razzie ed estorsioni. Allora si spiega anche la storia successiva, che lo vede piú volte in combutta e poi in contrasto con equipaggi fenici: è un modo ellittico per dire che continua la sua vita di predone – al servizio o meno del faraone. E in queste peripezie piratesche soggette ad alterne fortune ben ci sta anche un periodo di prigionia...»

«Una buona ipotesi, in linea con la tua interpretazione che Ulisse non sia Ulisse».

Applausi.

Wood li interruppe: «Ci aggiungerò qualcosa di mio: ricordo che Eschilo chiama Ogigio il Nilo».

Sorrise a Christine, che aveva sollevato la testa con

aria maliziosa: «No, no, ho detto che non partecipo alla gara; se avessi voluto prendervi parte avrei proposto che l'isola di Ogigia potesse essere Faro: là il pirata viene imprigionato finché il faraone non decide di riutilizzarne le capacità militari. Non è raro trovare menzione di saccheggiatori che diventano mercenari al soldo del sovrano che li ha debellati». Riprese l'aria austera da coordinatore: «Ma continuiamo il giro».

Seduto alla destra di Borra, Dawkins si mosse a prendere un libro: «Io non ho molta immaginazione» disse. «Quindi ho fatto ricorso a un classico». Mise sul tavolo una piccola, elegante edizione dell'opera di Virgilio. «Mi direte che Virgilio scrive molti secoli dopo Omero, e con un fine palesemente cortigiano. Vero, ma è un grande poeta, capace di profonda consonanza con un piú grande e antico artista».

Aprí il minuscolo volume: *Bucoliche, Georgiche*... ecco l'*Eneide*, che Jamaica rapidamente percorse cercando il libro III.

«Ricordate? Enea giunge in Epiro, vi incontra Andromaca ed Eleno, già schiavi di guerra e ora – liberati – intenti a costruire una piccola, patetica Troia in ricordo della patria perduta. Eleno dà a Enea alcune indicazioni sulla rotta da prendere, ammonendolo di star lontano dall'Italia meridionale:

> Has autem terras Italique hanc litoris oram,
> proxima quae nostri perfunditur aequoris aestu,
> effuge; cuncta malis habitantur moenia Graiis.
> Hic et Narycii posuerunt moenia Locri
> et Sallentinos obsedit milite campos
> Lyctius Idomeneus, hic illa ducis Meliboei
> parva Philoctetae subnixa Petelia muro[3].

«Diversi condottieri greci, di ritorno dalla guerra di Troia, sono approdati sulle coste italiane, stanziandosi in Puglia, in Calabria, in Campania. Ulisse potrebbe aver fatto come loro: sbarca su una terra italica, si unisce alla figlia del capo o alla sacerdotessa locale, vi passa un certo tempo. È un mondo arcaico, vivono in grotte, conoscono la tessitura ma non le arti civili del mondo greco. A un certo punto, Ulisse decide di andarsene: per nostalgia di casa, o per una situazione locale che lo mette in pericolo. Nemi mi suggeriva qualcosa legato addirittura al suo soprannome...»

«La storia del re del bosco di Nemi» disse Bouverie. «Ne parla Svetonio. Diventi re uccidendo il tuo predecessore, e regni finché non vieni ucciso da un nuovo arrivato. Il re è anche sacerdote di una dea locale. Ma altri testi danno una diversa scadenza alla sovranità e alla vita del re: sposa la figlia del sovrano precedente – o la grande sacerdotessa – e vive finché non ha assicurato la successione. Poi viene ritualmente ucciso».

«Insomma» riprese Dawkins «siano lotte tribali o riti locali, oppure sia l'affascinato ricordo di una cultura piú ricca ed evoluta, qualcosa decide Ulisse ad andarsene. Gli lasciano costruire una zattera (non sanno fabbricare imbarcazioni piú perfezionate), gli danno acqua e cibo, ed eccolo in mare».

«Calipso sarebbe dunque il nome di un luogo discosto o della figura femminile che vi regna e presso cui soggiorna a lungo Ulisse. Probabilmente sulle coste italiche... È ben pensato» fece Wood.

Applauso.

Era il turno di Bouverie, seduto accanto a Dawkins e intento a giocherellare col suo Virgilio.

«Da cultore della pigrizia» cominciò «ho semplicemente profittato del lavoro fatto da Jamaica».

«Tua vecchia abitudine» commentò quest'ultimo, sorridendo.

«Quindi anch'io riprendo i versi scovati nel libro di Virgilio. Ma poiché, a differenza del nostro amico, io sono affascinato dalla lettura di Borra e di Madame Maitland e voglio ipotizzare che Ulisse non sia Ulisse, ho tratto dai versi virgiliani anche l'indicazione dell'identità del nostro avventuriero».

«Ed è?» chiese Wood.

«"*Illa ducis Meliboei parva Philoctetae*". Filottete il tessalo» sottolineò poi, rivolgendosi soprattutto a Christine, meno edotta di miti greci. «È una figura ricorrente nell'arte classica: vasi e bassorilievi e gemme. Lo si rappresenta seduto, sofferente, con una gamba bendata: è stato abbandonato dagli altri Achei sull'isola di Limnos, a causa del fetore della ferita».

Intervenne Wood, anch'egli rivolto a Christine: «È il miglior arciere greco, a cui Ercole ha lasciato in eredità il suo arco. A un certo punto, per vincere la guerra e conquistare Troia devono reintegrarlo nell'armata, e non chiedetemi come ha fatto a guarire».

«L'arte medica relativa alle ferite di guerra era piuttosto progredita, credo» Bouverie si fece ironico. «Oppure guarisce proprio perché nell'isola non ci sono medici».

«E magari applicando metodi rifiutati dalla medicina ma di uso popolare» aggiunse Christopher Maitland. «Ho visto io stesso sorprendenti risultati, proprio in rapporto a una ferita curata con una bizzarra pratica contadina...»

Non spiegò quale, lasciandoli incuriositi ma rispettosi dell'ordine del giorno. Infatti Wood riprese subito la sua sintesi: «Dopo la presa di Troia, a cui partecipa, abbiamo diverse versioni della sua storia. Secondo alcune rientra in patria, ma in altre il suo ritorno è amaro, come a molti eroi della guerra troiana, e deve ripartire».

«Virgilio» continuò Bouverie «lo dice approdato in Calabria, fondatore di un minuscolo regno locale. Situazione non piú gloriosa di quella descritta per i due poveri ex schiavi Andromaca ed Eleno. Come escludere che, a un certo punto, il grande guerriero discepolo di Ercole non si imbarchi ancora per trovare qualcosa di meglio? Sbarca sull'isola dei Feaci, apprende che il suo commilitone Ulisse è dato per morto, e si finge Ulisse, non senza rievocare indirettamente la propria gloria:

> "Filottete soltanto
> mi superava nel tiro dell'arco quando noi Greci
> eravamo nella Troade".
> (VIII, vv. 218-220)

«Potrei aggiungere che, con la storia della ferita e con le cicatrici che doveva avere, farsi poi identificare, a Itaca, grazie a una cicatrice su una gamba non poneva certo problema... e che la sua suprema abilità come arciere spiega i modi del massacro dei pretendenti, ma mi sembrano osservazioni superflue».

Risuonarono ancora applausi. Tutti erano deliziati dal doppio esito di lettura degli identici versi virgiliani, mentre Borra chiedeva al troppo sintetico dottore («Non ora, ma quando avrà tempo») un chiarimento sulle pratiche mediche contadine («che mi sono sempre sembrate pure superstizioni; eppure anche da noi, nella campagna di Cuneo, si dice che le Masche...»).

Al suo ultimo, immotivato passaggio nel quadrato, Puddie fu invitato a sedersi.

«Resti. Brinderà con noi. Fra poco, esaurite le interpretazioni, nomineremo un vincitore».

La lettura proposta dai due Maitland fu presentata da Christine: «Abbiamo abrogato le figure degli dèi, traducendole in forze umane o naturali; ma ricorderete che, alla fine, ho proposto di rivedere anche il ruolo divino e impersonale dello stesso autore».

«Ce lo ricordiamo» fece Wood. «Anche se io, quel giorno, ero stanchissimo. Ma, Calipso, "colei che nasconde"?»

«O meglio» intervenne Christopher «"io nasconderò, io mi appresto a nascondere": prima persona singolare del verbo al futuro».

«Ma sí, è un futuro! Chi mai ci aveva pensato? E il greco funziona come l'inglese: io nasconderò, o meglio – piatto e semplice – attenti, io nascondo» Bouverie era entusiasta.

«E chi può dire "io" nel poema?» incalzava Christine. «Chi può dire che raccontandoci la storia ci nasconderà di fatto tutto quello che è accaduto prima, chi può dire che sapremo le avventure del suo eroe solo da quel momento in avanti? "Io nasconderò, attenti perché io nascondo". È l'autore che dichiara il suo intento, e per necessità narrative ci dipinge una figura divina nel fantastico paesaggio di lontane isole fortunate».

«Non dice che mente» sottolineò Christopher «ma che cela... Non ci svelerà il passato dell'uomo che si vuole Ulisse e probabilmente ci tace anche alcune notizie lungo lo svolgimento della storia. Per esempio, di cosa tratteranno le conversazioni con Telemaco...»

«Io nasconderò»: il verbo risuonava in greco e in inglese, misto a un allegro brusio di citazioni.

Cortesemente, Dawkins spiegò la situazione al capitano Puddie: qualche giorno prima si erano sfidati sull'identità da attribuire al personaggio di una dea che nel poema si chiamava Calipso, e l'ultima proposta era che il nome (che in greco significava «io nasconderò») corrispondesse in realtà all'autore del poema.

«L'autore del poema era dunque una donna?» chiese Puddie.

Un momento di silenzio costernato; poi le voci si innalzarono, si accavallarono.

«Perché no, perché no?»

«Ma dai, cosa dici?»

«Una donna, certo! Esperta di tessiture e poco pratica di navi».

«In fondo, Saffo...»

Non era un incontro di cultori del mondo classico, ma un indisciplinato pomeriggio scolastico, con ragazzi ridenti che si davano sulla voce, fra battute, esclamazioni e qualche pacca sulle spalle.

Indossate le vesti del maestro, Wood riuscí a imporre una parvenza d'ordine.

«Ora mi consulterò separatamente con tutti voi, mentre facciamo portare qualcosa di serio per brindare al vincitore».

Fu ancora Puddie, nel suo ruolo di capitano, a proclamare ufficialmente i coniugi Maitland autori della «piú sorprendente e innovativa lettura del testo omerico» (la formula della premiazione, vergata da Wood, evitava l'aggettivo «convincente» ma in compenso si chiudeva con una lunga e bella citazione shakespeariana, che fu declamata in tono militaresco). Quanto al premio... «sarà una sorpresa» fecero molte voci. «Si vedrà a Costantinopoli».

I calici si alzarono: «Io non nasconderò... quanto sono felice» brindò Christine.

13. *Dalla nave* Matilda *di fronte a Costantinopoli*

I firmly believe that if Sta. Sophia was in Rome that no Traveller except a German would enter It[1].

Diario di bordo di JAMES DAWKINS

Costantinopoli la Città d'oro, la Nuova Roma, la capitale di alterni imperi. Costantinopoli che risorgeva da un grande incendio (calamità ricorrente, ma questa volta particolarmente grave) in un brulichio di costruzioni e ricostruzioni.

Le visite ai monumenti classici, le osservazioni storiche e topografiche riempivano le giornate dei tre inglesi, impegnati anche in doveri mondani e diplomatici; Borra disegnava edifici e acquedotti; il medico scozzese esplorava con prudenza l'ambiente dei suoi confratelli.

Le riunioni omeriche erano sospese. I viaggiatori si ritrovavano sul *Matilda* stanchi, a volte soddisfatti, a volte delusi. I diari di Wood, Bouverie e Dawkins alternano momenti di entusiasmo («I Turchi sono onesti nei commerci, e gentili con gli animali deboli», «I loro cavalli hanno ornamenti tali da far venire l'acquolina in bocca a ogni nobildonna cristiana», «La veduta del Bosforo è ancor piú bella di quella di Napoli, e quindi superiore a ogni altra città mai veduta») a note di biasimo per il cattivo stato dei monumenti: bronzi scomparsi, colonne sprofondate, mentre a Santa Sofia (definita «sporca e trascurata») «i custodi distribuiscono ai visitatori le tessere dei mosaici». Era quotidiano il confronto non solo con le pagine di Edward Pococke, ma con il *De topographia Constantinopoleos* di Petrus Gillius: il francese aveva lungamente vissuto a Costantinopoli nella prima metà del Cinquecento e i suoi resoconti erano ricchi e precisi. Una discussione sulle distanze e la circonferenza della città – in cui i dati dei due precedenti orientalisti erano discordi – dette origine a una verifica fatta di percorsi a piedi, a cavallo e in battello che li tenne occupati per due splendidi giorni.

Apparentemente positiva, ma di fatto nebulosa, la situazione che si presentava a Christopher e a Christine. Incontri cortesissimi, indicazioni dettagliate e perfettamente inutili di palazzi da affittare a Pera; ma era evidente che la consorteria di medici europei – attivi da generazioni nella capitale – tendeva a proteggersi da concorrenti esterni. Anche il medico dell'Ambasciata, il colto e affabile dottor Mackenzie, non forní loro che indicazioni storico-turistiche. Un incontro con il patriarca della famiglia Crisofolli, fra le piú eminenti della comunità greca, sembrò aprire nuove prospettive. Era vanto famigliare aver dato inizio all'avventura dell'inoculazione del vaiolo, quando il nonno dell'attuale capofamiglia aveva interpellato il medico Jacopo Pilarino (sí! il veneziano che ancora signoreggiava la memoria della vecchia signora di Smirne) e gli aveva segnalato la strana pratica di immunizzazione in uso nei suoi possedimenti in Tessaglia.

«Gli ha detto: "Vada a vedere, a studiare, a controllare. Se davvero non è un metodo pericoloso, le chiederò di praticarlo sui miei ragazzi". Era un momento terribile, l'epidemia di vaiolo del 1701; io ero bambino ma ricordo ancora le notizie quotidiane dei decessi di parenti e amici e servitori... Poi il dottor Pilarino tornò a Costantinopoli e disse: "Non c'è rischio. La praticheremo come fanno in Tessaglia, prelevando una punta di spillo di materia vaiolosa da un ragazzo di buona costituzione che sia colpito dal morbo, e inoculandola. Qualche giorno di febbre leggera e poi si diventa immuni". E salvò la nostra famiglia».

Che Christopher fosse fra i medici inoculatori di Scozia era alta nota di merito; ma il colloquio si concluse fra le lodi all'indimenticato, defunto Pilarino («Sono lieto che il suo metodo trionfi in Inghilterra: dovrebbe portare il suo nome») e qualche vaga promessa.

Quel pomeriggio Christopher ritornò spossato nella cabina ove Christine lo attendeva silenziosa; solo la buona educazione e la gratitudine per gli amici inglesi lo convinse a prepararsi per l'ennesima cena mondana, questa volta offerta a bordo.

Bouverie lo ringraziò sottovoce: «Sarà una serata un po' difficile: abbiamo dovuto cambiare alcune date d'invito e ne è risultato un gruppo poco omogeneo».

I timori erano fondati: sottili antagonismi politici e incompatibilità di temperamenti non tardarono a rivelarsi. L'ambasciatore francese sarebbe arrivato in ritardo e pregava di non aspettarlo; ma qualcuno, per troppa cortesia, fece obiezione, e tutti si trovarono in nervosa attesa mentre il cuoco si disperava.

Il problema peggiore fu rappresentato da un inglese da poco giunto a Costantinopoli, che aveva ossessionato l'Ambasciata per farsi invitare («Anch'io sono archeologo! Le collezioni d'arte di Mr Bouverie...») e ora tracimava per attirare l'attenzione. Osservazioni maliziose, battute pesanti come quelle che, in Inghilterra, si riservavano ai dopocena rigorosamente maschili mettevano tutti a disagio. Un'imbarazzante tirata a partire da un'immagine vascolare («Ne parlavano tutti, a Londra! Sí, il ragazzo nudo nella rete, che viene calato – mi scusi, signora, ma è cosí divertente! – che viene calato...») faceva arrossire le signore e impallidire di sdegno i mariti. Bouverie – che conosceva benissimo la scandalosa patera greca – interruppe abilmente l'esposizione con un ampio e pignolo discorso di storia dell'arte. Il giovane non riuscí piú a parlare. Nemi e Jamaica prendevano a turno la parola – in un gioco ben collaudato – e persino Borra fece una divagazione inattesa illustrando l'affresco omerico che copriva il soffitto della sala del trono a Monaco; aveva visitato il Principato due anni prima.

«Ottima esecuzione – tardo Rinascimento – ma composizione stranamente scomposta. Un gruppo di personaggi che si affollano confusamente, contro un cielo scurissimo. Solo leggendo l'*Odissea* durante il nostro viaggio ne ho capito la ragione. Il tema, mi avevano detto, è l'evocazione dei morti fatta da Ulisse: e Omero narra di corpi divenuti ombre, accalcati per bere il sangue delle vittime e trovare ancora un momento di quasi-esistenza... Certo che è un soggetto strano per una sala del trono».

«Un *Memento mori*» fece una voce alle sue spalle. Nella sala erano entrati due nuovi convitati: il dispiaciuto ritardatario francese e un colosso biondo e baffuto che concluse: «Scelta intelligente» e sorrise inchinandosi al gruppo in attesa.

I saluti, le presentazioni, l'inizio del pasto ebbero luogo nel sollievo generale. Pignolo, l'ambasciatore francese alternava scuse per il ritardo, informazioni sull'ospite che lo accompagnava, ringraziamenti ai padroni di casa, con osservazioni sul tema del dipinto monegasco.

«Sí, Aleksej Petrovič, un *Memento mori*, è vero, un monito contro l'insuperbimento dello stato regale: ma di solito si preferisce all'uopo la figura di Bellerofonte, oppure la caduta di Icaro o di Fetonte – immagini che, dal centro di un soffitto, offrono anche la possibilità di un mirabile gioco prospettico: carro e cavalli celesti che precipitano, il sole rappresentato come disco di luce o come Apollo...»

Era noiosissimo. Dawkins riuscí finalmente ad arginarlo («È la serata dei troppo loquaci» commentò sottovoce Bouverie con Christopher. «Ma Monsieur de Bonnac è un'ottima persona»), rivolgendo anche qualche elegante domanda all'ospite russo. Questi parlò con il dovuto ottimismo della missione diplomatica per cui era stato inviato a Costantinopoli, con il dovuto rammarico della sua prossima partenza dalla città e infine con sincero entusiasmo delle spedizioni in Siberia che aveva precedentemente comandato.

Le operazioni di colonizzazione della Siberia promosse dall'imperatrice Elisabetta erano poco note alla maggioranza dei commensali. E quello che piacque a tutti fu il trasporto con cui il bel colonnello Ščerbakov parlò di quelle terre lontane e sconosciute: le foreste infinite e mutevoli di colori, la festa del disgelo e il lago Bajkal dalle acque di cristallo.

Da alcuni anni – raccontò il russo – era incaricato di operare nelle terre siberiane, erigendo fortini e installando guarnigioni. Ma l'ultima volta aveva avuto sfortuna. Scelto il terreno per una postazione, quando avevano iniziato i lavori di scavo, era stata scoperchiata una tomba: c'era uno scheletro con i piedi legati. E la manodopera locale era fuggita.

Nessuno lo aveva informato della sepoltura della sciamana; il terreno non mostrava alcun segno distintivo. La situazione era poi rapidamente precipitata. No, non perché mancassero gli uomini: molti erano ricomparsi, dopo esser tornati a casa ed esserne stati rinviati alla guarnigione. Ma qualcuno era riapparso contagiato dal vaiolo.

«Mai ho visto la malattia infierire cosí ferocemente. La mia squadra annientata, il vicino villaggio quasi cancellato. Io sono stato richiamato in Moscovia e spero che il mio successore in Siberia abbia miglior fortuna, non essendo colpito da alcuna maledizione sciamanica». Rise. Non era superstizioso; e fors'anche valutava l'avanzamento di carriera connesso con la missione presso la Sublime Porta.

La conversazione si frammentò: Bouverie si informava sul tema dello sciamanesimo, Wood raccontava lo «straordinario spettacolo» offerto dalla danza dei dervisci ruotanti, gli ambasciatori inglese e francese, ripetendo probabilmente un numero ben rodato, si dilettavano a terrorizzare le signore con la rivelazione dell'Order of Pastry Cook, una confraternita locale che si diceva cucinasse carne umana. Fu Dawkins a inserirsi con grazia nella conversazione sciamanica, facendo cadere la notizia che «ora, fortunatamente, non dobbiamo piú temere il vaiolo. Lo sapevate che dobbiamo proprio alla Turchia la pratica dell'inoculazione che ci salva dal contagio?»

Il colonnello si fece attento. Sí, – ammise Dawkins – lui conosceva un po' la storia dell'inoculazione; a Londra era stato fra i donatori per la costituzione di un ospedale dedicato alla cura e alla prevenzione del vaiolo tramite quella pratica. Ma era qui presente un medico che quel metodo lo conosceva davvero... lo applicava... chi meglio di Christopher...

«È fatta»: pensarono simultaneamente i tre inglesi mentre, nel coordinato disordine del dopocena, il colonnello si avvicinava a Christopher e iniziava una fitta conversazione con lui. Christine, secondo l'uso, si era ritirata, i camerieri servivano alcolici e il giovane e importuno Salvin, immusonito, beveva in solitario.

«È fatta, forse; ci dobbiamo rivedere domani. Mia dolce Christine, che ne dici di San Pietroburgo invece di Costantinopoli?» chiese Christopher alla compagna che, a fine serata, lo attendeva in cabina.

Lei gli si gettò fra le braccia.

La mattina dopo, rivedendo Bouverie, Christine chiese qualche particolare: alla cena della sera prima molti discorsi le erano sfuggiti, data la sua collocazione laterale nella vasta tavolata. Nemi le raccontò in dettaglio le conversazioni con il russo, e ammise: «Non ho dormito. La gioia di sapere che si stava avvicinando un'ottima soluzione per voi, ma anche le storie intorno alla strana tomba mi hanno tenuto sveglio fino all'alba. Il colonnello Ščerbakov è proprio in gamba: sinceramente interessato ai progressi medici, era entusiasta delle spiegazioni sulla pratica salvifica di variolizzazione: ne avrebbe fatto pervenire notizia a corte. E ha un vero spirito scientifico: al ritorno dalla Siberia ha invitato un gruppo di studiosi tedeschi ad approfondire le conoscenze dello sciamanesimo».

Christine era nervosissima, e faceva confusamente domande discordi: che impressione aveva tratto Bouverie dai discorsi sull'inoculazione? La nomina a protomedico dipendeva dall'incontro previsto quel giorno all'Ambasciata o il colonnello sembrava già convinto? E la tomba della sciamana? Cosa significavano i piedi legati? E cos'altro avevano trovato?

Lui la rassicurò pazientemente sul loro futuro: le prospettive erano eccellenti. Quanto alla tomba, aveva previsto la sua curiosità e le aveva risposto «nel modo che ardisco considerare riservato a noi due. Ho scritto una piccola cosa che le darò».

Il gruppo si preparava a scendere a terra: Wood e Puddie dovevano espletare ulteriori pratiche; Dawkins, Bouverie e Borra ritornavano all'Ippodromo, e Christopher li avrebbe accompagnati per un tratto, prima di deviare verso l'Ambasciata per incontrare il colonnello Ščerbakov.

Al momento di balzare nel battello, Nemi si rivolse a Christine, rimasta a bordo: «Per la prima volta in vita mia, oso non stracciare i miei versi. Sono per lei. Se non una prova di poesia, vogliono essere almeno una prova di amicizia. Ma se, al ritorno, la vedo annoiata o abbrunata... *Io li nasconderò*». (E ripeté in greco, ridendo: «*Calipsò, Calipsò*».)

Rise anche Christine, fece un saluto con la mano, e poi sedette al sole.

Nella busta c'era un foglietto:

Rossi frutti mangiano i morti –

Lei scendeva a consolarli
con semi rossi nelle mani chiuse
risaliva a piedi legati
con occhi serrati di spavento
come i semi risalgono la terra
in nuovi frutti.

14. *Dalla nave* Matilda *di fronte a Costantinopoli*

Cosí vicini non s'incontreranno.
Cosí distanti non percepiranno
di vivere in un campo di rigore.
E forse mai si rivedranno piú.

EMILIO ISGRÒ, *Castelli di sabbia*

«Invitiamo all'incontro il capitano Puddie?»

«Lasciamo scegliere a lui. Non sarà una premiazione quanto un addio, temo. E molti non amano gli addii».

Nella cabina dei Maitland in partenza per la Moscovia erano già stati portati i «ricordi degli amici agli amici che si allontanano»: un ampio scialle di cachemire dai toni rosso-bruni e una cassetta da dottore, completa di attrezzi chirurgici disposti in incavi elegantemente rivestiti di camoscio color salmone. Ma il «premio» aveva richiesto molte ricerche, indotto a percorsi poco archeologici nella vasta capitale, rivelandosi infine non la ricompensa per la risposta data a un enigma, quanto un nuovo, affascinante enigma. Era una lunga e sottile catena d'oro, impreziosita da ciondoli che, a prima vista, sembravano eleganti fiori aurei. A un esame ravvicinato, il fiore si rivelava una coppia di api ad ali aperte, simmetricamente disposte attorno a una rotonda goccia di miele. Anche i corpi delle api, congiungendosi (testa a testa, pungiglione a pungiglione), formavano un cerchio, ripetuto in forma aerea e allusiva dai piccoli pendenti rotondi che ulteriormente li ornavano.

«Tre cerchi: dalla concretezza del miele all'astrattezza del puro ornamento» commentò Bouverie, che aveva scoperto il ciondolo e lo mostrava a Dawkins. «Sembra il simbolo del pensiero ellenico». Ma quello che entusiasmò i due amici fu l'affermazione del gioielliere che l'immagine era misteriosamente antica, ripresa nei secoli grazie a una tradizione elitaria e quasi segreta di orefici. Il ciondolo era singolo, e fu stranamente difficile convincere l'artigiano (presso cui erano infine stati condotti dal mercante) a farne piú esemplari da intervallare nella catena. Era tradizione produrne solo uno all'anno – fu loro detto – e solo ad opera di certi orafi. Non preferivano un'immagine religiosa o un bel portafortuna? No, i due inglesi non lo preferivano, e finalmente si accordarono per la realizzazione del gioiello.

«Ogni segreto ha un prezzo, ogni veto un'eccezione» commentò Dawkins uscendo dalla bottega, mentre Bouverie si arrovellava: «Ho pensato che potesse essere egizio, ma non credo... se davvero è un modello cosí antico, potrebbe addirittura essere preclassico...»

«Qualunque ne sia l'origine, è molto bello».

E ora erano tutti riuniti nel quadrato del *Matilda*, dove la cerimonia scherzosa del «premio per Calipso» si era trasformata in un rituale d'addio. Ora Christine ringraziava commossa indossando la collana, e Wood faceva ipotesi d'archeologo sull'immagine delle due api, e poi Nemi e Jamaica cominciavano a parlare con Christopher di San Pietroburgo – di cui avevano avuto vaghe e intriganti notizie – e poi Torquilino, che ovviamente sapeva tutto degli architetti italiani che vi operavano, aggiungeva particolari precisi e confortanti.

E poi i due si allontanarono e tutti pensarono: «Forse non ci rivedremo piú».

Il capitano Puddie accompagnò la coppia al battello, la salutò con una stretta di mano, poi – inspiegabilmente – ritirò di persona le missive consegnate dal marinaio e scese a portarle di persona nel quadrato.

L'atmosfera era sottilmente malinconica: Dawkins prese e mise da parte le lettere, benché ci fosse un attesissimo plico proveniente dalla Giamaica, mentre Wood spiegava una mappa per concordare con il capitano date e rotta da percorrere. Si ritornava indietro, dirigendosi infine verso la Troade: Nicomedia, Prusia, Cyzicus, Lampsacus – leggeva a bassa voce Wood, percorrendo col dito il disegno della costa anatolica.

«Fra due settimane dovremmo essere al Promontorio Sigeo» disse Puddie. Wood vi era già sbarcato otto anni prima, e citò qualche particolare delle sue esplorazioni lungo il fiume Scamandro. Ma neppure quel nome omerico riuscí a scaldare gli animi. Borra pasticciava disegnini sul suo taccuino, poi segnò distrattamente la data del loro sbarco nella capitale turca: 16 giugno 1750 e indicò con una freccia piumata quella della prossima partenza: 10 luglio. L'indomani sarebbero salpati verso Occidente, mentre i Maitland, da Costantinopoli, sarebbero risaliti verso nord. La sua mano disegnò e cancellò una zanzara, poi schizzò una ruota di carrozza e la trasformò in un sole raggiante; infine strappò la pagina.

Bouverie, rientrato nella sua cabina, ne riapparve con un manoscritto.

«Inutile negare» disse, fissando i volti attorno a lui,

«che siamo tutti pensosi di Christine e di Christopher. E allora è meglio continuare a sentirli qui con noi».

Si accostò al tavolo, spostò la mappa. «Dopo la nostra discussione su Calipso, Christine mi lasciò leggere un testo che aveva scritto al loro ritorno da Santorini, in cui rinarrava il naufragio di Ulisse e il suo approdo all'isola dei Feaci. Erano pagine molto particolari, in intimo dialogo con Christopher. Ricordo qualche frase: "I marinai odiano tutti il mare", per esempio». («Non so se il capitano Puddie sarà d'accordo» osservò Dawkins, tentando un sorriso di incoraggiamento.) «Oppure una riscrittura dell'apparizione di Nausicaa: "Era nuda, allungata sulla sabbia". Ma non mi ha lasciato quei fogli. Rispondendo alle mie insistenze, ha invece riscritto per noi gli episodi ambientati nell'isola ove Ulisse è accolto dai Feaci.

«Mi aveva detto di leggervi questo testo in uno dei nostri futuri incontri omerici, durante il viaggio. "Christopher mi ha assistito per il greco" aveva sottolineato "ed io l'ho scritto pensando all'atmosfera di una riunione nel quadrato del *Matilda*. Sarà come se entrambi fossimo presenti, a discutere con voi"». Sedette. «Io credo che abbiamo bisogno ora di sentire la sua voce».

Erano pochi fogli. «Per noi ha scelto un francese ritmato, un po' declamato; e tutto è narrato dal punto di vista del naufrago/Ulisse: come Nausicaa l'ha guidato con le sue indicazioni fino alla reggia, e come gli ha consigliato di rivolgersi ai sovrani per ingraziarseli. Lui mette a frutto quelle raccomandazioni».

Il silenzio era profondo. Solo un lieve sciabordio giungeva dal mare, accompagnando la voce di John Bouverie:

Suo padre è il re.

Muri di bronzo, orlati da un fregio turchino, ne fanno brillare la casa; d'oro e d'argento sono gli stipiti, le porte, i cani da guardia forgiati dal dio dei metalli.
Procedo, titubando come se fossi avvolto in una nebbia, fra una doppia fila di sedili lucenti, coperti da drappi sottili.
Là siede il re, al centro dei bagliori. Volge intorno occhi solenni, ritagliando nella penombra le fiamme del focolare, i volti protesi dei nobili, le teste chine dei servi. Mi inginocchio, tendendo le mani supplici, e grido il mio rispetto al sovrano coronato di luce.
«A quest'uomo, mio ospite» lui dice in bella voce di baritono «voglio siano serviti immantinente...»
Giungono a me le mense, il cibo, il vino. E cento paia d'occhi mi seguono, in cerchi concentrici d'attenzione sospesa: accanto al re intravedo la famiglia, l'attenta moglie, i principi curiosi e diffidenti, e lei, appena in disparte, bella come un giovane germoglio di palma. Tutti intenti, tutti ad ascoltare, anche l'aedo che ha interrotto il canto e mi rivolge contro le cieche pupille, come se mi conoscesse.
«Alcinoo» dico, rendendogli grazie, «certo io non somiglio agli immortali, che hanno il vasto cielo per figura. A un uomo, invece, che ha in sorte il patire, a un uomo invece posso somigliare. All'umano dolore il mio dolore è simile per quante mai sventure sofferte possa un uomo sopportare».
Quante volte ho mentito il mio nome? Qui, fra signori fieri e ospitali, mi ammanto di nobile riserbo.
«Vengo da una terra lontana» dico soltanto «naufrago e solo».

Cantami, o Musa, del Pelide Achille
e d'Ulisse a contesa in un banchetto...

Dopo il cibo è dolce la voce dell'aedo. Narra di dèi e di eroi, di inganni e dispute, della guerra di Troia da cui pochi sono tornati.

Il re ascolta con occhi riverenti, i giovani con fremiti di bellicosa impazienza: come consolarsi della pace che ha protetto in questi anni gloriosi la loro isola beata? La regina mi osserva. China gli occhi, che troppo intensamente mi han guardato, la mia fanciulla candida e gentile. Brindo al cantore, poi mi copro il volto con il mantello, nel gesto del pianto.

Cari agli dèi sono i popoli che rispettano le leggi dell'ospitalità. Sei nutrito e rivestito, accolto e confortato. Infine ti chiedono il nome.

Il mio nome è nel canto dell'aedo, il mio nome è nel pianto sotto il drappo.

«Sono Ulisse, il figlio di Laerte» dico al re. «Sono Ulisse polymetis*»*[1].

Mi accuserete forse di menzogna? No, mi sono presentato nudo, dicendomi astuto tessitore d'inganni.

Il mio silenzio, i miei gesti e il vostro desiderio mi hanno fatto Ulisse figlio di Laerte.

Vi ho visto ascoltare commossi i canti della guerra a cui non avete preso parte; ti ho visto sognarmi regale, fanciulla simile a un germoglio di palma.

Quante volte in passato ho mentito il mio nome? Molti re non sono tornati da Troia, molti prodi non hanno rivisto la loro terra; da dieci anni la guerra è finita e chi non è ritornato giace in una profonda tomba d'acqua.

A nessuno faccio danno, se un nobile nome riveste ora il mio corpo. Ho tratto Ulisse dal suo sudario grondante, gli ho dato nuova vita. E una vita vieppiú gloriosa gli sto per dare, mentre la lingua mi si scioglie nel racconto, e i miei anni si riempiono d'avventure. Tutte le storie nate intorno al mare sgorgano dalla mia bocca: ho percorso coste sconosciute, ho visto mostri e dèi, ho vinto con la forza e con l'inganno.

I vostri volti mostrano esultanza e paura mentre le Sirene mi cantano promesse, Eolo mi porge otri di vento, gli improvvidi compagni mi portano alla rovina. Il volto di lei arrossisce mentre evoco le schiave tratte alle navi, Circe ai miei piedi e la troppo innamorata Calipso.

Gioco col mio stesso racconto: il mio nome è Nessuno, grido mentre alto ulula il Ciclope.

Cosí divento Ulisse polymetis, *e vi invento ogni sera la mia storia.*

Resterò forse in quest'isola beata, con la fanciulla tenera e regale; o forse riprenderò il mare, con una scorta degna di un sovrano, a conquistare un regno senza capo.

Racconto e intreccio storie gloriose e astute. Ricevo mirabili doni. Mi mostro munifico con l'aedo dal cieco sorriso d'indovino.

15. *Dalla Troade*

That species of enthusiasm, which belongs to such society, where Homer being my guide, and Bouverie and Dawkins my fellow-travellers, the beauties of the first of poets were enjoyed in the company of the best of friends. [...] Those happy days, which we passed together, examining the *Iliad* on the Scamandrian plain, and tracing Ulysses and Telemachus, through the various scenes of their adventures, with the *Odyssey* in our hands[1].

ROBERT WOOD, *Essay on the Original Genius and Writings of Homer*

Brevi esplorazioni archeologiche (uno o due giorni), brevi soste notturne nelle calette (una o due notti), un progetto di salita all'Olimpo della Misia (ma frustrato dalla foschia), l'acquisto di tre iscrizioni a Lampsaco: da Costantinopoli i viaggiatori ripercorrevano a ritroso i Dardanelli fino al Promontorio Sigeo, presso cui si ancorarono il 25 luglio.

Il pensiero di tutti andava alla piana di Troia. Per Jamaica e Nemi era una terra fatta di parole omeriche: la spiaggia dove Achille evoca la madre divina, le distese di tende achee, l'alta città in cima al colle, le mura, le porte Scee... Torquilino si preparava a fare una mappa accurata del territorio: ne parlava con Wood, che già conosceva i posti e aveva con sé anche una preziosa documentazione del cartografo Delisle.

Archeologo affascinato dal mondo classico, ma anche viaggiatore esperto di commerci e di questioni politiche, Wood conosceva i rischi di delusione insiti nei viaggi «verso le terre fatte di parole». E un po' li temeva. Nella piana di Troia – ben lo sapeva – solo il nome del fiume Scamandro riportava ai tempi eroici cantati da Omero. Piú non sussistevano neppure i monumenti che un tempo si onoravano quali gloriose tombe di eroi (come il sepolcro d'Achille, intorno a cui corse nudo Alessandro Magno, per rendergli omaggio); c'era il presunto Scamandro e, a qualche giorno di distanza a cavallo, si situavano le sorgenti di un «Mendere» interpretato come Simoenta.

Sbarcarono di buon mattino: l'odore verde degli arbusti non doveva esser diverso da quello che aveva accolto l'ondata guerriera guidata da Agamennone (pensò Bouverie). Per dieci anni due eserciti si erano accampati, combattuti, inseguiti su quella piana. Poi un gran fuoco era balzato dall'acropoli alla città, dai sobborghi ai boschi intorno; e infine le nere navi erano ripartite, cariche di armati e di prede, mentre acri fumi d'incendio coprivano la terra martoriata.

Wood aveva proposto un viaggio lungo lo Scamandro, nella frescura boscosa delle colline, con la prospettiva di accamparsi la notte sulle sponde del fiume: fu un successo. Durante le ore del giorno, li accompagnava un sentore di verde e di terra; la notte, sorgeva dal buio il canto degli usignoli.

Chissà come risuonava il canto di Achille lungo la riva? Ne discussero vagamente, la prima sera di sosta, chi seduto, chi sdraiato, chi semiaddormentato intorno al fuoco.

Che il massimo eroe dell'epopea fosse descritto intento al canto era un meraviglioso tributo del poeta al ruolo della poesia – convennero. Ma l'omaggio piú assoluto che mai fosse stato formulato appariva nell'*Odissea*, osservò Dawkins; al naufrago gettato dalla tempesta nell'isola dei Feaci e accolto nella reggia, Alcinoo dice:

«Perché piangi quando senti cantare le disgrazie dei Danai e di Ilio?

> Tutto ciò hanno fatto gli dèi, filando la rovina degli uomini,
> perché fosse anche per i posteri materia di canto».
> (VIII vv. 99-100)

Un trillo d'approvazione dagli alberi. Poi il silenzio, nel profumo resinoso della legna. E ancora la voce pigra dell'inglese: «Stringendo la bella cetra dalla traversa d'argento – dice Omero – Achille canta le gloriose gesta degli eroi e l'amico Patroclo è di fronte a lui, ad ascoltarlo, come sei tu ad ascoltarmi in questo momento, caro Nemi».

«Invero, oblioso Jamaica, il poeta dice che Patroclo è lí ad aspettare che l'altro finisca...»

«Non perché ne sia annoiato! Ricordi l'ipotesi del nostro grande grecista, che i canti fossero ripresi a turno, in quello che doveva essere (ma chissà com'era?) un inanellarsi concordato...?»

«Se Patroclo aspetta il suo turno, allora è il mio turno di parlare, ed io...» Ma Bouverie tacque, perché dal folto si alzava ancora la voce dell'usignolo.

Wood sembrava sonnecchiare. Invece fissava una ragnatela fra gli alberi, lucente e perfetta: «Si dice che presso certi popoli le tele di ragno siano considerate opere d'arte. Le preservano, le mostrano come quadri».

«Sono davvero capolavori di geometria» commentò Nemi. «Ma non potremmo fare osservazioni ammirate sull'opera dei ragni se qui con noi ci fosse Christopher».

«E invece ti sbagli». Anche Borra, adesso, si rivelava

vigile e persino facondo. «Christopher è un medico attento a tutto ciò che può aiutare la guarigione. Non è un caso che sia fra i dottori che praticano l'inoculazione. Ricordi quella sua battuta sui rimedi popolari, quando tu parlavi di Filottete? Gli ho chiesto spiegazioni. Nella mia famiglia le donne credevano che certe pratiche contadine potessero rivelarsi salvifiche: mia nonna diceva sempre che io sarei morto di tosse a quattro anni, se non mi avesse fatto curare da una *medicona* del suo paese».

«E lui cosa ti ha detto?»

«Ha fatto l'esempio proprio delle ragnatele. In certe campagne le mettono sulle ferite e a volte si assiste a un'insperata guarigione. Non si sa quando, cosa e perché possa funzionare. Ha detto che i contadini credono che i fili cuciano la ferita; ma lui pensa invece che possa essere la materia di cui è fatta la ragnatela a costituire una misteriosa medicina».

«È la materia o la forma ad agire?» concluse distrattamente Bouverie. Appuntava lo sguardo verso gli alberi vicini; ma le tenebre avanzavano e la ragnatela scompariva nelle ombre. Allora si stese sul dorso a fissare le stelle.

L'usignolo riprendeva a cantare. Anche Wood, che aveva iniziato una colta dissertazione sulle sostanze curative venute dal Nuovo Mondo (persino la China-China, benché portata dai Gesuiti), si era definitivamente taciuto per ascoltarlo.

Ormai il fuoco si stava spegnendo. Bouverie guardava il cielo notturno, consapevole del suo bisogno di rintracciarvi un disegno, una geometria analoga alle simmetrie perfette tessute dal minuscolo ragno. Ma non riusciva a trovarla. Nodi di luce segnavano enigmaticamente la rete segreta dello spazio celeste, ove l'umano desiderio avrebbe poi immaginato di riconoscere oggetti e animali, semidei o strade di stelle: l'Orsa, Orione, i Pesci, la Via Lattea…

«Il cielo è un regno pieno di abitatori» si disse. «I nostri padri videro nomi e figure».

(L'indomani l'avrebbe scritto sul suo taccuino. Ora aveva sonno. Ma non doveva dimenticarlo: «Il cielo è un regno pieno di abitatori. I nostri padri videro nomi e figure».)

A mattina avanzata fu svegliato da Dawkins che rideva: «Questo è davvero quel che si chiama un sonno di piombo!» Gli altri erano tutti in piedi, quasi pronti, uomini e cavalli impazienti di muoversi. Lui non ricordava piú le parole che aveva formulato la notte prima. Ma l'immagine sí, una rete di stelle che l'aveva imprigionato in sogni inconsueti e che gli sarebbe riapparsa in alterni frammenti durante la cavalcata.

Gli venne un pensiero, e chiese conferma agli amici: «Un tempo l'anno cominciava a primavera, non è vero? Con il sole nella costellazione dell'Ariete o del Toro…» Non ricordava bene. Ora il sole era in Leone, lo ammoní qualcuno, e conveniva alleggerirsi di vesti. Bouverie non l'ascoltò: montava sempre in tenuta classica.

Furono giorni e notti felici. Cavalcavano intorno al fantasma di Troia, si fermavano fra le colline a scrutare una muraglia, un intrico di sassi e rovi che ancora portava il nome di Alexandria Troas, proseguivano verso le sorgenti del Simoenta (un bagno in acque calde, quali si diceva che la fonte offrisse, sarebbe stato gradito), tornavano indietro poiché la strada era impraticabile per i cavalli. Borra correggeva la mappa, poi disegnava sul suo album le rovine di un tempio. Dintorno c'erano poche tracce del mondo antico: tutto quello che si poteva asportare era stato mandato a Costantinopoli per la costruzione di una nuova moschea.

Furono giorni e notti feconde. Wood prendeva note per quello che sarebbe divenuto *A Comparative View of the Ancient and Present State of the Troade*, e Bouverie, una sera, si appartò a scrivere un testo che riempí alcuni fogli del suo taccuino.

«Parla la Musa?» gli disse affettuosamente Dawkins.

«Credo parli la sciamana». Il verso gli era ritornato intatto, trovando posto in un canto che sembrava dettato fuori da ogni schema metrico, pausato dal respiro e dalla voce.

Il cielo è un regno pieno di abitatori. I nostri padri videro nomi e figure.
Videro sorgere il sole dai campi percorsi da un toro di ghiaccio.
Il toro era una maglia di stelle.

Scrisse tutto il testo, di getto; una trentina di versi; poi chiuse il taccuino stringendolo col suo laccio di cuoio e lo infilò fra i bagagli. Lo dimenticò subito, sentendosi come liberato.

Il 2 agosto erano di nuovo sul *Matilda*: ma risbarcarono per l'invito di un mercante che offriva loro alcuni marmi: una scritta bustrofedica, che la loro biblioteca testimoniò già copiata nelle *Antiquitates Asiaticae* di Edmund Chishull, e un bassorilievo con cinque figure. Dovevano essere state molto belle, si dissero, annotando nel diario di bordo:

La figura centrale siede con aspetto sconsolato, velata come la Pudicizia sulle medaglie: le altre, due da ogni lato, sono in piedi, rivolte verso di lei; tre sembrano aver fra le braccia un bambino fasciato, la quarta un cesto o un largo piatto.

«Che cosa potevano raffigurare?» mormorò Wood.

«Diciamo che è la poesia greca, in gramaglie, e intorno le nuove lingue che portano nuovi frutti» suggerí Bouverie con tono leggermente beffardo. «Ma invero sono quasi illeggibili».

C'era anche un mezzorilievo che poteva rappresentare Achille, secondo la descrizione e l'interpretazione contenute nel testo di Pococke. Ma Bouverie dissentí.

Usati per secoli come sedili fuori della locale moschea, i marmi erano davvero in pessime condizioni: giudicarono che non valessero il prezzo richiesto e risalirono sul *Matilda.*

16. *Dalla nave* Matilda *di fronte alla costa turca*

Per essere paese di Turchi, non si può vivere con maggior libertà. Non si fa mai altro che cantare, ballare e stare in conversazione con le donne, e non solo il giorno, ma la notte ancora sino a quattro o cinque ore per le strade, ché io mai a' miei dí non ho provato vita piú allegra. [...] La gente di Scio è cortese e amorevole [...] e le donne veramente belle.

Viaggi di PIETRO DELLA VALLE, *il Pellegrino*[1]

Tenedo, Mitilene, Foggia Vecchia, Chio: lungo la costa turca, il trealberi filava nel vento verso il sud.

A Tenedo li aspettava ancora qualche ricordo della piana troiana, come il sarcofago ormai convertito in cisterna; a Mitilene un castello, un acquedotto, numerose iscrizioni, un trono marmoreo che Borra disegnò con la consueta maestria.

Il 10 agosto eccoli a Foggia Vecchia, l'antica Focea. Al tempo (forse) di Omero, da quel porto erano partite navi avventurose, coloni che avevano fondato importanti città. Quando fu loro mostrata un'incisione col nome di Massilia, tutt'e quattro pensarono a Christine, risentirono il chiaro accento del Sud della Francia: la comprarono. Ma non trovarono altre tracce di quell'audace mondo marinaro che aveva improntato di sé tanto Mediterraneo.

La città era ancora provata dal terremoto che l'aveva sconvolta quattro anni prima. Molti mercanti si erano trasferiti a Foggia Nuova, dall'altra parte del promontorio – suggerí il vecchio greco che aveva venduto loro l'iscrizione. Mandarono in perlustrazione Nunzio (nel cui discernimento avevano fiducia) accompagnato dall'inevitabile cugino. Ne tornò dichiarando inutile una loro visita.

A Chio, allora! (O meglio Scio, come sentirono pronunciare al loro approdo.) Si erano ripromessi una lunga sosta nell'isola fin dai giorni di Smirne, quando invece la deviazione verso Costantinopoli aveva mutato i loro programmi. E Scio non li deluse. Era ricca, vivace, attivissima negli scambi, «ancora un po' genovese nonostante i due secoli di amministrazione turca» come sottolineò Wood mentre, sul *Matilda*, gustavano le specialità locali in un pranzo che avevano voluto «al modo di Genova». Dalle campagne dintorno giungevano alla città verdure saporite, che venivano cucinate «con rispetto», come disse loro il cuoco, reduce da molti acquisti sulla terraferma. Abituati a una dieta carnea, gli inglesi non disdegnavano, a volte, quei pasti piú leggeri: «Diventeremo come voi, mangiafoglie» aveva commentato Dawkins con Nunzio, alludendo al soprannome dei napoletani.

Nel porto stazionavano le navi del sultano: alcune galee presso il molo e, piú al largo, due galeoni.

«Credo che conosciate quelle navi» annunciò loro Puddie, a cui era giunta la notizia della presenza del capitano Bashaw a capo della flotta. L'accolsero con piacere: avrebbero festeggiato *les retrouvailles* con un pranzo, questa volta offerto da loro a bordo del *Matilda*, come specificarono al cuoco: «*Prevoyez des mets arabes et genois, anglais et naturellement français*»[2]. Non sarebbe mancato «il vino d'Omero», felice scoperta autoctona: era squisito, fatto con uve di una zona dell'isola ove era nato – o forse vissuto, o fors'anche sepolto – il grande poeta. Si accordarono sulla data del 18 agosto, a un orario di cena «inglese»: le sei del pomeriggio.

Scio viveva in un'aria di festa. Loro passeggiavano, compravano, decifravano, assaggiavano, prendevano nota. Se la ricca biblioteca del Convento di Neomene (descritta da Pococke come «la Scuola di Omero») non era in quel momento visitabile, le gite nella campagna verdissima o nei villaggi dei coltivatori di mastice regalavano ore fresche e incantevoli. Non mancavano gli inviti dei maggiorenti in qualche «torre» – come venivano chiamate le eleganti ville di campagna dove era costume rifugiarsi in tempi di calura o di pestilenza.

Il 18 agosto, mentre si vestiva per l'incontro con Bashaw, Dawkins convocò il capitano Puddie: potevano sapere qualcosa di piú sul suo collega inglese? Inglese ma evidentemente fattosi turco, come sottolineava il titolo di pasha. Nell'incontro di pochi mesi prima, il capitano era stato ospitale, ma non aveva detto molto di sé. Innanzitutto, come si chiamava? Che fosse londinese, malgrado il turbante e l'appellativo, non c'era dubbio.

Puddie si mise a ridere: nessuno ci avrebbe creduto, già lo sapeva... eppure... si chiamava Dangerous.

Bouverie sporse la testa dalla sua cabina, esilarato: «Un nome d'arte?»

No, non era un soprannome; Puddie aveva controllato, il cognome era reale. Capitano Jack Dangerous dell'esercito di re Giorgio. Si erano conosciuti a Londra, avevano frequentato per un po' gli stessi ambienti. L'aveva rivisto anni dopo, sempre a Londra: solcava i mari – gli aveva detto – munito di regolare lettera di corsa.

Il pranzo si prospettava vario di cibi e di conversazioni. Ma superò le attese: quel che giunse a bordo fu un tornado. Alto, grosso, fulvo di baffi, elegante in vesti ingioiellate, voluminoso turbante e stivali gialli, il capitano Bashaw si presentò rumorosamente, si scusò per il suo inglese «da afgano», apprezzò la qualità degli ospiti e gustò con entusiasmo ogni tipo di cibo. Finito il pasto e ritiratisi i servitori che avevano recato le ultime bottiglie, sospirò, ruttò, si mise comodo e riprese l'accento londinese.

Sí, certo, era stato Jack Dangerous il soldato, poi Jack Dangerous il marinaio, anzi il capitano di vascello; e soprattutto Jack Dangerous il mercante, che faceva la spola fra Africa e America. Ma la fortuna è alterna, si sa. Era stato anche segretamente uomo di fiducia (tutti capirono «spia») di un aristocratico francese: un infortunio l'aveva condotto in prigione, e lí una rissa dall'esito infelice stava per mandarlo alla forca. Fortunatamente il sovrano si era prefisso di non firmare piú di un certo numero di condanne all'impiccagione ogni mese. La sua era di troppo.

Ancora un periodo difficile, fra i mori in Algeria; e poi di nuovo la fortuna. Certo, non era piú Jack Dangerous, ora doveva dirsi musulmano: ma bastavano un tappeto e un rosario per farsi accettare come capitano Bashaw. Si era dato un'origine afgana, e nessuno indagava piú a fondo.

Gli piaceva raccontarsi, si vedeva. Piú degli ascoltatori, era lui a esaltarsi, a compiangersi e a compiacersi del suo narrare. C'erano sempre presenze femminili nel racconto: la vecchia signora londinese che lo voleva sposare, la giovane ereditiera della piantagione americana che il padre gli avrebbe dato in moglie se solo... la bella schiava cristiana d'Algeri; e qualche ragazzino introdotto da facezie ben collaudate. Quello che raccontava non sembrava coincidere davvero con le precedenti informazioni di Puddie: nessuno fece mostra di accorgersene. Restò a lungo, manifestamente soddisfatto; si congedò promettendo ogni aiuto agli amici inglesi (reggeva benissimo il vino e, come sperimentarono qualche giorno dopo, mentiva brillantemente). Ripreso l'accento «afgano», si reimbarcò infine con la sua scorta.

Gli ospiti restarono sul ponte a chiacchierare, nella notte calda e chiara. Il capitano Bashaw dimostrava una quarantina d'anni, e Puddie l'aveva conosciuto in Inghilterra una decina d'anni prima: come poteva, in dieci anni, aver accumulato esperienze per cui, come riassunse Wood, «non sarebbero bastate diverse vite»?

«I viaggiatori mentono, si sa» fece Dawkins.

«Per questo in Irlanda, come ai tempi di Omero, se ricevi un ospite sconosciuto, badi a non chiedergli subito il nome» ricordò Wood.

«Come ai tempi di Omero... E il capitano Bashaw non vi ricorda qualcuno?» insinuò Bouverie. «Avventure straordinarie, al limite del credibile, che riempiono dieci anni di viaggi, combattimenti, rovesci di fortuna, magici incontri femminili; solo, invece del Mediterraneo, la moderna scena marina degli oceani...»

«Fra detto e non detto, sembra proprio Ulisse» concluse Dawkins.

Si misero seduti in circolo, come nelle riunioni omeriche; e, come in quelle riunioni, Puddie restò ai margini a curiosare.

«Sulle peripezie che costituiscono il cuore dell'*Odissea* abbiamo letto le pagine scritte da Christine; e anche se noi ci dividiamo equamente fra chi crede all'identità di

Ulisse e chi lo ritiene un mentitore, tutti sembravamo d'accordo nel giudicare che il racconto di meraviglie proposto dall'eroe alla corte dei Feaci fosse probabilmente un tributo alle leggende che correvano sui mari». Wood aveva ripreso automaticamente il suo ruolo di coordinatore: «Inutile dunque cercare le terre dei Lestrigoni o dei Ciclopi. Quelli che percorrono il Mediterraneo sono navi di predatori e di mercanti, e quelli che li accolgono sulle coste sono vari popoli, pacifici o bellicosi, a diversi stadi di sviluppo tecnico, con diversi costumi, culti e riti».

Cominciarono a commentare, concordi, il racconto di Ulisse ai Feaci, ma tacquero cortesemente quando Puddie chiese di parlare. Era la prima volta che interveniva, pur assistendo sempre piú spesso alle riunioni del gruppo. L'avevano forse conquistato all'ammirazione per l'opera di Omero? Ma il capitano voleva solo proporre un'osservazione lungamente rimuginata: con lui, nell'incontro dei Dardanelli, Bashaw aveva parlato solo della sua vita di mare, di quando faceva guerra di corsa o commercio di schiavi dall'Africa; oggi aveva invece evitato di menzionare l'attività di pirata (che Puddie riteneva lungamente protratta e che, a sua conoscenza, era stata la vera ragione della condanna al patibolo). Aveva accennato vagamente a ruoli di consigliere o di spia, a incidenti dalle pericolose conseguenze e alla bizzarra ossessione numerica di un sovrano nel firmare esecuzioni (nessuno ci aveva creduto). Insomma – concluse –, oggi i ricordi del capitano Bashaw sembravano selezionati o costruiti *ad usum* dei Turchi. Si riteneva forse spiato anche sul *Matilda*?

Eppure aveva confidato loro la finzione della nascita afgana – osservò Bouverie.

Quello non era un segreto, ma un gioco condiviso: Puddie lo aveva sentito scherzare allegramente in pubblico esibendosi con diversi accenti.

«Ancora piú simile a Ulisse, dunque» disse la voce di Dawkins. «Dovremmo riprendere le discussioni omeriche».

Gli altri assentirono.

Lo sconcertante incontro con Dangerous si rivelava il rullo di tamburi che avrebbe forse riaperto la consuetudine delle riunioni, abbandonata dopo la partenza dei Maitland e sostituita dalla lettura di brani dell'*Iliade* durante i giorni passati nella Troade.

Scesero alla spicciolata nelle cabine, mentre Puddie restava appoggiato all'impavesata a fissare le navi.

Ma nei giorni seguenti non trovarono tempo per alcuna riunione omerica. Giunti a Teos, l'abbondanza di iscrizioni e di resti classici li impegnò a lungo. Un'intera giornata fu dedicata a esplorare quella che Wood chiamava Bodrum e Puddie Old Teos, ma che Bouverie e Dawkins, con tono afflitto, rievocavano come Alicarnasso. L'acquisto di alcune iscrizioni rivelò poi qualche aspetto controverso della politica praticata dall'aga per imposizione del capitano Bashaw. Dalla sua nave venne infatti un ufficiale a controllare scelte e pagamenti degli acquirenti. Piccole pietre sepolcrali, sí; nessuna lastra grande. Ma a volte i criteri davano risultati paradossali: i tre inglesi constatarono con rammarico che, poco tempo prima, non potendo vendere a una spedizione francese una larga pietra che conteneva parte dei famosi decreti di Teos, i locali l'avevano frantumata.

Aspettarono invano la partenza della flotta per completare gli acquisti desiderati.

«Forse c'erano davvero delle spie a bordo del *Matilda*»

sussurrò Dawkins «ma non per sorvegliare il capitano Bashaw; c'erano le sue spie, che volevano verificare le nostre intenzioni...»

«E in definitiva, i prodi ufficiali del capitano Bashaw non li vincerai in guerra né in astuzia» concluse alla fine Bouverie raddoppiando l'offerta per l'acquisto di un'iscrizione sepolcrale. «No, non li puoi vincere. Li puoi comprare».

Il 28 agosto fecero vela per Efeso.

17. *Dalla nave* Matilda *e poi da Efeso*

Voilà toutes les fonctions que [les hommes] nous laissent ici-bas; à nous [les femmes] qui les avons polis, qui leur avons donné des mœurs, qui avons corrigé la férocité de leur âme; à nous, sans qui la Terre ne serait qu'un séjour de sauvages, qui ne mériteraient pas le nom d'hommes[1].

MARIVAUX, *La Nouvelle Colonie ou la Ligue des Femmes*

Efeso, Efeso, Efeso, dicevano i volumi aperti sul tavolo.

Era ormai pomeriggio inoltrato quando il *Matilda* giunse al porto di Scala Nuova («Che qui chiamano piuttosto Neapolis» puntualizzò Wood). Scesero nel quadrato mentre lo spettacolo magico del tramonto (strisce porpora e oro pallido, pennellate scure dalle nubi alla macchia frastagliata della costa) cominciava a dissolversi nelle ombre della sera. Consultando la specifica documentazione, si sarebbero preparati allo sbarco che la mattina dopo li avrebbe portati sul sito di quella che era stata la terza città del mondo antico.

«Roma, Alessandria e poi Efeso» canterellava appunto Bouverie, aprendo e chiudendo resoconti di orientalisti inglesi e volumi di classici. Maliziosamente lasciò aperta una pagina sui Decreti Teodosiani che testimoniava una tappa delle persecuzioni che i cristiani avevano fatto subire ai pagani nelle terre imperiali: «*Nulli sacrificandi tribuatur potestas, nemo templa circumeat, nemo delubra suspiciat*»[2].

Ma se ne pentí vedendo il volto abbrunato di Wood:

devoto cristiano e appassionato classicista, il figlio del Pastore anglo-irlandese doveva soffrire in cuor suo al pensiero dei templi devastati, delle biblioteche incendiate, della distruzione pervicace di un mondo di bellezza e di sapienza nel nome del Dio che profondamente onorava.

Rientrò Dawkins con un volume massiccio: faceva incursioni nell'ampia raccolta di testi storici del loro fondo bibliografico, scegliendo ulteriori libri dedicati a Efeso. Mostrò all'amico una bella incisione del tempio di Diana, di cui era data una plausibile ricostruzione, e concluse: «Da Eratostene a Giovanni Crisostomo: una delle sette meraviglie del mondo distrutta da ondate successive di stupidità».

Dalla sua cabina arrivò infine Borra, che si fermò sulla porta, fissando il tavolo con aria stupita: «Toh! La Madonna di Loreto!»

Bouverie aveva messo in bella vista alcune monete tratte dalla sua collezione: due recavano l'effigie della Diana di Efeso, nel suo rigido bozzolo. Fu lo stesso architetto, subito dopo, a interrogarsi sullo strano abbaglio per cui la sua memoria aveva rovesciato il tronco di cono che costituiva il corpo della statua, confondendo l'immagine sacra visitata tanti anni prima in pellegrinaggio con l'idolo enigmatico ora custodito a Roma nella collezione Farnese.

Dovette poi spiegare agli altri la storia della basilica di Loreto, che racchiudeva la casa di Maria di Nazareth portata in volo dagli angeli (facce impenetrabili degli inglesi), dilungandosi sulla bella architettura gotico-rinascimentale dell'edificio (facce sorridenti); infine tracciò per loro anche un rapido schizzo con i contorni dell'immagine che vi era venerata, borbottando fra di sé: «Il legno, sí, nasce tutto dal legno... poi diventa figura umana... poi pura astrazione geometrica».

«Ma la Diana divina che un tempo ci avrebbe accolti a Efeso...» mormorò Nemi, sognante. «Ricordate quanto ne eravamo rimasti impressionati?» Erano andati piú volte a vedere la statua custodita nella collezione romana. L'avevano ammirata, avevano lungamente discusso la natura dei simboli di fecondità che ne formavano il torso prorompente (mammelle o scroti di toro?), la scelta delle costellazioni riportate sul pettorale, il moltiplicarsi, liturgicamente ordinato, di leoni, tori, cavalli, sfingi e api sul nimbo e sulla veste. Borra non era ancora stato ingaggiato dal gruppo, altrimenti avrebbero avuto i suoi perfetti disegni; cosí si erano limitati ad acquisti-ricordo di monete, incisioni e libri.

Wood sbrigò rapidamente le questioni del percorso verso Efeso; aveva avuto conferma della praticabilità del bazar indicato nel resoconto di Pococke, dove avrebbero potuto accamparsi. Prevedeva tre giorni di esplorazioni; quattro se le attività fossero state rallentate dal Ramadan («che, fortunatamente per noi, finisce questo inizio di settembre»).

C'era tempo per rivedere i libri centrali dell'*Odissea*, come si erano ripromessi. Due letture, armoniche e discordi, si confrontarono.

Per Dawkins la narrazione delle sue avventure fatta da Ulisse alla corte dei Feaci non solo rappresentava la parte «meravigliosa» del testo omerico (probabilmente quella piú gradita all'uditorio), ma ne tesseva il rapporto con il poema precedente.

«Questi racconti nell'*Odissea* sono la raffinatissima conclusione dell'*Iliade*. Il poema, che abbracciava tutta la guerra di Troia nella sintesi di pochi mesi di combattimenti, si chiudeva con i funerali di Ettore; ma già era detta la morte di Achille, preannunciata anche dai suoi divini cavalli. La fine della città, adombrata dalla perdita del suo campione, ci viene raccontata ora; e ci verrà raccontata anche la fine degli altri eroi – morti ingloriosamente per vergognosa follia, come Aiace Telamonio, o per tradimento, come Agamennone. Dei superstiti, e dei loro ritorni in patria, sappiamo attraverso i viaggi di Telemaco».

«Io proseguirò invece la lettura irriverente proposta da Torquilino» ribatté Bouverie, «secondo la quale le "meraviglie" narrate dal naufrago costruiscono l'abile proclamazione (per non dire invenzione) di un'utilissima identità. Il nostro *polytropos* giunge alla reggia dei Feaci, dove l'aedo canta la disputa fra Achille e Ulisse (dandoli entrambi come eroi scomparsi); apprende cosí che l'isola di Itaca, di cui evidentemente aveva conosciuto il re durante la guerra di Troia, è ormai senza sovrano, preda offerta al piú forte. Ospitalmente accolto alla corte di re Alcinoo, pensa forse di puntare su un matrimonio principesco, e infatti all'inizio non vuole dare indicazioni sulla propria identità; ma ben presto deve constatare la diffidenza e l'ostilità di qualche giovane, mentre apprende non solo che a corte, nella linea della successione al trono, ci sono ben cinque figli di Alcinoo, ma che lo stesso potere regale, nell'isola, è frammentato fra piú regnanti. La reazione è rapida e geniale. Dissipa le ostilità sottolineando di volersene ripartire, e poi chiede al cantore di narrare la caduta di Troia e l'inganno del cavallo. Solo allora, aureolato di gloria, si dice Ulisse. Ma celatamente Omero ci fa segno di non fidarci. Che cosa, infatti, si mette poi a cantare l'aedo Demodoco? La storia di un duplice inganno, ambientata fra gli dèi».

«Non male» commentò Dawkins «anche se non mi convince. Torniamo al "meraviglioso" del racconto fatto da Ulisse ai Feaci: possiamo considerarlo come narrazione di esperienza vissuta dal protagonista (e avremmo un antenato dei poemi cavallereschi) oppure come sua invenzione poetica. Non a caso re Alcinoo complimenta Ulisse eguagliandolo a un cantore:

> "Tu hai bellezza nelle tue parole, e savi pensieri
> dentro; hai condotto sapientemente il tuo discorso come
> un aedo"».
> (XI, vv. 367-368)

Wood ascoltava con diletto: «Forse si potrebbe definire questo racconto pieno di "meraviglie", un percorso che va dal reale – o comunque dal verosimile – al magico. All'inizio è un racconto realistico: di ritorno dalla guerra, le navi si fermano a predare città inermi, o vengono respinte da piú robuste difese.

> Da Troia il vento mi spinse verso la terra dei Ciconi,
> a Ismaro: saccheggiai la città e li distrussi.
> Prendemmo donne e molte ricchezze.
> (IX, vv. 39-41)

Ma accorrono i vicini bellicosi, numerosi

> quanti fiori e foglie
> nascono a primavera, e la mala sorte mandata da Zeus
> piombò su noi infelici.
> (IX, vv. 50-52)

Da allora vagano nel Mediterraneo: dapprima giungono presso uno dei tanti popoli che fanno uso di droghe – dove alcuni di loro vorrebbero fermarsi – poi finiscono presso comunità ostili che li sbaragliano. E qui già il discorso vira verso il fantastico: per indicare i popoli ostili (Ciclopi, Lestrigoni) li si dice “cannibali”; per raccontare i periodi di vento propizio o avverso, li si collega al dio Eolo e al suo dono di un otre pieno di venti che verrà purtroppo aperto. Ma il racconto si allontana sempre piú dal verosimile per dilatarsi nelle favole care ai marinai: la maga Circe, le Sirene, Scilla e Cariddi, fino alla Nékyia – l’evocazione che apre le porte infernali, e che – come giustamente diceva Jamaica – ci permette di completare l’*Iliade* con l’apparizione dei suoi eroi dopo la morte».

«Un percorso dal reale al fantastico...» a Nemi non bastava. «Ma non potremmo immaginarlo anche come un percorso attraverso il tempo piú che attraverso lo spazio? Comincia dal mondo contemporaneo, con i saccheggi compiuti dai guerrieri nel ritorno da Troia; poi sembra viaggiare all’indietro, verso un’età anteriore...»

«Un momento» fece Wood. «L’età della guerra di Troia e del ritorno di Ulisse ci è nota. Omero ci ha introdotto già dal primo libro in una società che vive in quella che certi archeologi propongono di chiamare l’età del bronzo, ma che conosce il ferro. Ricordate il mercante che giunge a Itaca e si presenta a Telemaco dandogli l’idea di partire? Rileggo il passo:

> “Sono appena approdato con la mia nave e i miei compagni,
> navigando sul mare colore del vino verso genti straniere,
> a Temesa a cercare rame, e porto ferro lucente”».
> (I, vv. 152-154)

Intervenne Dawkins: «Sí, ne avevamo già discusso a Roma, leggendo l'*Iliade.* Avevamo ricevuto da Parigi il libro di quel gesuita… come si chiamava?»

«Nicolas Mahudel» fece il precisissimo Wood.

«Ecco! L'archeologo francese che proponeva, all'inizio della civiltà umana, tre fasi di sviluppo: l'età della pietra, del bronzo e poi del ferro. E abbiamo passato un'intera giornata a dibattere intorno allo scudo di Achille e alla tecnica con cui Efesto lo forgia: uno scudo di bronzo lavorato da un fabbro che sembra conoscere anche la lavorazione del ferro».

«Ricordo bene» acconsentí Bouverie. «Ma io vorrei proporre un'altra idea: che la narrazione, partendo dal presente della guerra di Troia, ci stia portando progressivamente verso un mondo piú arcaico, dove non c'è agricoltura, ma solo pastorizia: dove si vive in caverne, isolati, non si conoscono le arti e le scienze…»

Intervenne finalmente la voce profonda di Borra: «Mi aveva infatti colpito la descrizione dell'isola del Ciclope, che

> non ha greggi, né campi di biade,
> perché non è seminata né arata
> (IX, vv. 122-123)

«e la valutazione, cosí pratica e moderna, che ne viene fatta:

> Potrebbero coltivar[la]; non è terra
> cattiva e produrrebbe ogni specie di frutti».
> (IX, vv. 130-131)

«Poi si indietreggia ancora nel tempo» riprese Bouverie «verso quei fenomeni che destano meraviglia e terrore nella gente di mare, e che sono quindi trasformati in figure sovrannaturali: scogli e gorghi, piovre e correnti, tifoni e maremoti che diventano appunto Scilla, Cariddi e Sirene… Chi ci introduce a questo mondo è Circe, colei che, come la nostra Diana di Efeso, appare Signora delle fiere, *potnia theron*»[3]. Sfogliò rapidamente la sua *Odissea*: «Eccola, e intorno a lei lupi e leoni mansueti che

non assalirono gli uomini, anzi
s'alzarono a blandirli con le code diritte.
Come i cani fanno festa al padrone che torna
dal banchetto portandogli qualche leccornia».
(x, vv. 214-217)

Leggeva con animazione; infine chiuse e rimise sul tavolo la sua copia del poema, su cui si posò la mano tamburellante di Dawkins: «Se seguo bene il tuo ragionamento» intervenne quest'ultimo «il mondo di Circe sarebbe quello piú lontano da noi. Magari quello sognato da una certa signora francese che a Parigi ci raccontava di un'epoca di potere femminile che avrebbe preceduto la società patriarcale… ti ricordi, John?»

Una risatina complice rievocò qualcosa noto solo ai due amici.

«Indimenticabile». La voce di Bouverie si fece flautata, salendo fino a un parodistico falsetto: «*Mais qui a inventé la céramique et le tissage, à votre avis? Mais qui a civilisé la société humaine?*»[4]

«È quello che stai proponendo tu, in fondo: "*Les femmes… c'étaient les Pretresses, c'étaient les Déesses*", come diceva la nostra elegante ospite».

«E perché no? Ne sappiamo cosí poco. Nelle nostre esplorazioni stiamo seguendo passo a passo lo sviluppo del mondo classico, dalla guerra di Troia fino all'Impero romano. Ma... prima?» Bouverie tolse da una busta di carta velina alcune belle incisioni della Diana di Efeso e le passò in giro. «Prima della storia che stiamo esplorando, fatta di marmi candidi e di eleganti iscrizioni, che cosa c'era? Forse ce lo indicano le divinità piú enigmatiche, forse ce lo dicono velatamente, oscuramente, certi passi della poesia omerica». L'immagine della dea di Efeso – moltiplicata sul biancore delle carte, sul luccicore delle monete – sembrava inchiodare tutti gli sguardi. «Adorare questa meravigliosa Signora delle belve ed entrare nella valle di Circe mi sembrano percorsi affini: si penetra in un regno in cui la vita è indifferenziata. Uomini e animali si mescolano, si trasformano gli uni negli altri come nelle *Metamorfosi* di Ovidio. O come forse accade ancora nei riti degli sciamani. Ricordate quando il colonnello Ščerbakov raccontava di cerimonie durante le quali lo sciamano è posseduto dallo spirito di un animale, e in certo modo lo diventa? E quando, piú oscuramente, ci parlava di canti che "riportano l'uomo all'armonia con la famiglia delle creature viventi"?»

L'entusiasmo scaldava la voce di Bouverie. Dawkins gli sorrise e scandí sottovoce il grido degli antichi abitanti di Efeso: «Grande è la Diana degli Efesini!»

Nemi annuí, afferrò con due dita un'incisione, ne indicò un particolare: «Guardate: la Diana di Efeso ha cinque segni zodiacali sul pettorale; sono le stagioni dell'anno che dall'estate vanno verso il declino, verso quella morte della natura che deve esser stata cosí temuta dai nostri antenati; e cosí ossessivamente scongiurata... Nell'episodio di Circe, nell'*Odissea*, manca questo rapporto della figura femminile con le stelle, è vero; ma c'è un passaggio, ben piú segreto e terribile, verso il mondo dei morti».

«Né sole né stelle, ma un cielo sempre oscuro» commentò Borra. «Ripenso all'affresco di Monaco».

Il silenzio che seguí era denso di ricordi: il soffitto del palazzo principesco, la battuta del colonnello Ščerbakov, la sciamana, la menzione del vaiolo... Quanti giorni erano passati dalla sera in cui si era compiuto il destino dei Maitland? Wood dichiarò chiusa la riunione, prima che la memoria si tramutasse in malinconia: «Riprenderemo la discussione nei prossimi giorni. L'idea nata dalla discussione di Jamaica e di Nemi mi sembra affascinante, anche se non mi convince pienamente. Un po' come l'idea "spettinata" di Torquilino sull'identità di Ulisse...»

La mattina dopo si misero in viaggio di buon'ora.

Operarono fra le rovine dell'antica città con la consueta, armonica efficacia, pranzando all'ombra di un grande fico e dormendo nel caravanserraglio. Misuravano, confrontavano, identificavano, Borra disegnava: queste dovevano essere le rovine del tempio di Diana, ecco lo stadio, il ginnasio, il teatro... Dawkins era scattante, Wood attivissimo, Bouverie stranamente trasognato: il contrasto fra i fantasmi architettonici del passato e le polveri del presente sembrava rattristarlo. Nel castello c'erano molte iscrizioni e tre bassorilievi con le gesta di Ettore; la chiesa di San Giovanni aveva pilastri di granito troppo simili a quelli del ginnasio ed era stata poi trasformata ulteriormente, diventando una moschea. I secoli della gloria erano rovina, il presente men che modesto.

Il terzo giorno Borra, disattento, si scontrò presso

il bazar con un corpulento mercante che stava facendo scaricare i suoi cammelli: robusti entrambi, i due uomini cozzarono come montoni, lanciando all'unisono una sonora imprecazione. Si squadrarono sorpresi, riconoscendosi nell'invettiva: malgrado le sciolte vesti orientali, il mercante era ligure. La calura di mezzogiorno li vide passeggiare lungo il lago coperto di erbe palustri, chiacchierando amichevolmente; poi, invitato sotto il «loro» fico, il genovese si rivelò prodigo di informazioni. Erano diretti a Samo? Isola deliziosa, accogliente. Vi avrebbero trovato unicamente greci; l'aga veniva solo una volta l'anno per collettare le imposte. E poi, Palat? Ottima idea: anche lí la rete di commerci era notevole, con spedizioni di vino, di mastice e di stoffe che si diramavano in tutto l'Impero turco e raggiungevano la Moscovia. Arrivavano forse a San Pietroburgo? Sí, certo.

Gli inglesi si erano fatti attentissimi. Si poteva mandare una missiva, o riceverne, tramite quei mercanti? Perché no. Volevano dei nomi affidabili?

Il 1° settembre la spedizione si avviò a cavallo per tornare a Scala Nuova. Galoppavano mentre il tramonto incendiava le rovine e faceva rabbrividire il lago verdastro – un tempo porto marino di cui la città era fiera. Lasciavano Efeso con i consueti tesori di disegni e di misurazioni, ma anche con nomi e indirizzi di mercanti che avrebbero potuto costituire il tramite con gli amici lontani. La Signora degli animali, della fertilità e della vita si era mostrata benevola alle istanze dell'amicizia.

18. *Dalla nave* Matilda *presso Samo*

Toi qui masques la mort, Soleil. [...]
Tu gardes les cœurs de connaître
que l'univers n'est qu'un défaut
dans la pureté du Non-être![1]

PAUL VALÉRY, *Ébauche d'un serpent*

La nave volava verso Samo, nell'auspicata frescura della sera.

Si sarebbero fermati nell'isola alcuni giorni, in modo da completare l'organizzazione del piú lungo *jaunt* previsto nella spedizione: quasi due mesi nell'entroterra turco, accompagnati da una scorta concessa dall'aga locale contro i possibili assalti di predoni. Avrebbero lasciato la nave alla fonda nella vicina Palat; o forse piú indietro, nel porto di Budrum, che ricordavano ben attrezzato.

«Decideremo nei prossimi giorni il luogo del reimbarco» suggerí Wood, alzandosi da tavola. «Perché intanto non prevediamo di risalire con il *Matilda* la corrente del fiume Meandro? Sarebbe opportuna una giornata di riposo prima di affrontare l'esplorazione delle valli». Li vide annuire. «Bene. Allora domattina me ne occuperò con il capitano Puddie».

«E noi due cercheremo a quale mercante di Samo o di Palat affidare le lettere per i nostri amici» fece Dawkins, gettando a terra il tovagliolo in sincrono con Bouverie.

«Ed io... non so». Da quando si era tagliato la barba, Borra sembrava piú giovane e meno asseverativo.

«Vuoi un'idea del tuo futuro? Facciamo le *sortes vergilianae*?» Dawkins batté la mano sulla tasca in cui teneva sempre uno dei suoi minuscoli classici.

«Era diventata una mania, a Oxford» spiegò Bouverie all'architetto. «Invece dei versetti della Bibbia, pescavamo i versi di Virgilio... e qualche volta c'è stata persino una vera previsione del futuro».

I due oxfordiani ridacchiavano al ricordo. Wood – forse un po' scandalizzato dall'accostamento del poema latino con il testo biblico – si appartò brevemente con Puddie, e Borra si disse incuriosito: «Provate prima voi due».

Dawkins aveva estratto il libro: non era, come aveva creduto, l'edizione completa di Virgilio che soleva portare in tasca, ma un'*Odissea* di uguale formato: «Ah già, l'avevo presa per controllare... ma va bene lo stesso» proclamò. «Anzi mi sembra piú in carattere con il nostro viaggio».

Pose il libro sul tavolo e l'aprí a caso, puntando il dito a metà della pagina destra. Wood e Puddie si erano avvicinati.

«"*E de mal'...*"» cominciò a leggere; poi, traducendo all'impronta dal greco per Borra: «"Correva sicura la nave; piú veloce di un falco, rapida correva e fendeva le acque..." No, meglio "e solcava le onde del mare" (XIII, vv. 86-88)».

«Bene!» commentò Bouverie. «Gli dèi ci dicono che il nostro viaggio prosegue come lo desideriamo. Sul fiume, forse; sul mare, certo». Poi allungò la mano, prese e aprí il libro: «"*Me de moi thanaton ge parauda, phaidim' Odyssey*"» (XI, v. 497).

Dawkins e Wood s'impietrirono. Nemi batté le ciglia; poi assunse un'arietta teatrale, fra il capriccioso e il pedante, e si mise a dissertare: «Dunque, è il mio eroe preferito, Achille, a pormi un delicato problema di traduzione... Perché le versioni correnti mi sono sempre sembrate bruttine...»

Poi, rivolgendosi a Borra: «Nella scena della Nékyia, l'ombra di Achille è evocata da Ulisse che ne loda la grandezza – anche fra i morti, come gli dice con una certa adulazione. E Achille risponde con questo verso bellissimo che viene volto maldestramente in traduzioni come "Non lodarmi la morte, illustre Ulisse", "Non consolarmi della morte"... Consolare! È Achille, santi numi!»

Vide che Borra aveva estratto la sua edizione con la traduzione di Pope: «A proposito, come lo traduce Pope?»

Borra cercò il verso e poi lesse: «"*Talk not of ruling in this dolorous gloom / nor think vain words (he cried) can ease my doom*"».

«Amplificato, ridondante!» strillò Bouverie «Due patetici versi inglesi per rendere un sobrio emistichio greco...»

Puddie si rivolgeva intanto a Wood, chiedendo sottovoce: «Nékyia?»

Wood gli spiegò pazientemente: «Nelle vicende narrate dal protagonista dell'*Odissea* c'è una scena che potrebbe dirsi simile a una discesa agli Inferi; solo che Ulisse non scende nel regno dei morti, ma ne evoca gli spiriti compiendo un sacrificio. È questo che chiamiamo Nékyia. L'evocazione gli permette di parlare con un indovino, che lo avvisa dei pericoli del viaggio ma gli dice anche che riuscirà a tornare salvo; poi vede e parla con altri morti, fra cui il maggior eroe greco, Achille».

Dawkins e Borra si affannavano a trovare traduzioni in altre lingue, per confrontarne i risultati. Dalla biblioteca Dawkins tornò con le versioni di Chapman e di Madame Dacier. Aprí quest'ultima e lesse: «"*Ne me parlez point de la mort*"». Fece una smorfia di desolazione e aggiunse: «Caro John, dovresti proporre tu una traduzione che sia all'altezza. Vedi? Omero ti spinge alla scrittura poetica».

L'interpretazione della profezia data da Jamaica suscitò un consenso unanime, vigorosamente ribadito. La tensione si allentò ancor di piú quando Borra pescò la sua «sorte» e Wood tradusse i versi greci su cui l'architetto aveva posato il dito:

> Cosí disse, e Telemaco starnutí forte; la casa
> ne riecheggiò intorno. Rise Penelope.
> (XVII, vv. 541-542)

Risero anche loro. Borra guardò il numero del canto omerico e commentò: «Anche per me è un invito alla riflessione sul testo: avevo lasciato Eumeo e il suo ospite sulla soglia del palazzo, vicino al cane Argo. Ora rileggerò con calma le scene che avvengono all'interno della casa».

Stavano per avviarsi alle cabine, quando Bouverie, gli occhi fissi sull'*Homère* di Madame Dacier, mormorò: «Potrebbe essere... *mentir la mort*».

«"Non mentirmi la morte, illustre Ulisse"» fece, in italiano, la voce profonda di Borra. L'endecasillabo risuonò come il rullio di tamburi che accompagnava i momenti solenni della vita cittadina: le processioni, i *Te Deum*, le feste per una nascita principesca, le esecuzioni. Si lasciarono con quel ritmo nella mente.

La nave volava verso Samo. Jamaica bussò alla porta di Nemi, parlando di lettere: non era il caso di scrivere anche al principe Ščerbakov? Chi fra loro se ne sarebbe incaricato?

Wood discuteva ancora con il capitano Puddie: i futuri giorni di preparazione alla spedizione sarebbero stati particolarmente intensi.

Torquilino si spogliò rapidamente, sentendosi stanco eppure insonne. Poteva essere una buona idea riprendere la lettura dell'*Odissea.* Aprí il XVII libro, quello da cui era uscito il fortunato responso che lo riguardava. Sedette a letto con una montagna di cuscini dietro la schiena e si mise a leggere.

Odissea, libri XVII-XIX

È «un mendicante, vecchio e infelice» quello che varca la soglia del palazzo e si accoccola all'ingresso, mostrandosi timoroso degli astanti e bisognoso della rassicurazione di Eumeo. Telemaco gli dà del cibo e lo invita a chiederne ancora. Cosí, muovendosi con l'umile insistenza di chi è spinto dal bisogno, lo straniero fa il giro della sala, riceve contributi o rifiuti, osserva i presenti, valuta la situazione.

Quanti sono i pretendenti? Telemaco aveva citato l'alto numero totale – padroni e servi. Ma non tutti erano sempre a palazzo: c'erano quelli delle famiglie itacensi, ma altri provenienti da Dulichio, da Samo, da Zacinto si presentavano solo quando dovevano ribadire a Penelope la propria proposta matrimoniale.

L'accattone fa il giro della sala; si muove esagerando i segni di debolezza, insiste querulo. Di contro agli insul-

ti del capo incontrastato del gruppo, Antinoo, rievoca la propria antica ricchezza, e cita con molti particolari la passata vita corsara, la sconfitta in Egitto della sua masnada predace, la riduzione in cattività di tutti i pirati. Antinoo, irritato, gli tira uno sgabello, e poi, all'arrivo di un altro mendicante, grosso e attaccabrighe, invita i due poveracci a misurarsi nella lotta. Sarà l'occasione di uno spettacolo divertente per i pretendenti che premieranno il vincitore lasciandolo partecipare al banchetto, ora e in futuro.

Lo sgabello non l'ha buttato a terra, la competizione potrebbe rivelare il suo vigore: a malincuore lui si sveste, mostrando il corpo robusto di un guerriero; a malincuore si accinge ad abbattere il nuovo venuto – ora consapevole del fisico dell'avversario e spaventato. Potrebbe ucciderlo con un sol colpo, ma si limita a buttarlo, privo di sensi, fuori casa. Che non si sospetti la sua vera forza.

Penelope lo fa chiamare: davvero il naufrago giunto presso Eumeo ha incontrato Ulisse? Sempre prudente, questi propone di posporre il colloquio con la regina, una volta rientrati nelle loro dimore i pretendenti. E si reca a incontrarla a sera, presentandosi con la storia già raccontata al pastorello e al porcaro: dice di essere cretese, di aver incontrato Ulisse – anzi di averlo ospitato – quando questi navigava verso Troia e il vento ne aveva bloccato le navi in un porto dell'isola. Ne descrive con esattezza le vesti che indossava, l'araldo che l'accompagnava; ne prevede il ritorno. Penelope non crede al lieto auspicio, ma considera lo straniero qualcuno che davvero ha visto Ulisse: gli racconta in dettaglio l'inganno della tela – tessuta di giorno e disfatta di notte – con cui negli ultimi tre anni era riuscita a rinviare ogni richiesta matrimoniale. Ai pretendenti aveva detto:

«Giacché è morto il nobile Odisseo,
attendete, per quanto impazienti, finché avrò terminato
questo drappo [...]
sudario funebre per l'eroe Laerte quel giorno
che lo colga il duro destino di morte».
(XIX, vv. 141-145)

Ma recentemente la delazione di una serva aveva vanificato lo stratagemma. Ormai non resta piú tempo né valgono astuzie che permettano ulteriori indugi. Anche Telemaco, che da bambino non voleva un nuovo matrimonio della madre,

«adesso [...] mi prega di andarmene dalla sua casa,
preoccupato per i beni che i Greci divorano».
(XIX, vv. 333-334)

Borra annota sul margine del testo le idee che gli vengono durante la rilettura, per presentarle quando si farà la prossima riunione omerica.

«Che memoria!» scrive a lato della descrizione della tunica, della fibbia, dell'araldo di Ulisse fatta dal mendico a Penelope. Difficile credere che a distanza di vent'anni potesse sussistere un ricordo cosí preciso di un uomo ospitato per qualche giorno. Piú facile pensare che quell'uomo – con quelle vesti, con quell'araldo – fosse stato frequentato assiduamente durante tutto un decennio di guerra.

Interessante il rifiuto dei nuovi panni e del comodo letto proposti da Penelope: «Non vuole suscitare sospetti, trasformandosi da debole supplice in ospite» appunta Borra. Rilegge l'episodio del lavacro dei piedi del mendico ad opera della vecchia nutrice di Ulisse: «Le ancelle giovani sono dalla parte dei pretendenti, come dimostra il tradimento e lo svelamento dell'astuzia di Penelope. Meglio qualcuno che appartiene al passato e che non commenterà la robustezza dell'uomo, né gli sfregi che lo denunciano come un guerriero». Quanto alla cicatrice che la vecchia serva scopre sul ginocchio dell'ospite, e che la porta a sussurrare il nome di Ulisse, come non pensare che conoscessero il segno tutti i combattenti di Troia che frequentavano Ulisse? Combattenti anch'essi segnati dalle tante cicatrici di dieci anni di guerra...

Prima di addormentarsi, Borra ricorda le narrazioni *ad personam* del capitano Bashaw e rilegge i dati dell'autobiografia cretese di «Ulisse», quali vengono via via da lui presentati: coincidono perfettamente, costituendo una storia precisa e coerente di cui il naufrago sceglie di volta in volta una parte. L'architetto sfoglia il volume all'indietro, rileggendo i vari resoconti. Sí, ricorda bene: è costante l'evocazione di Creta e della ricca famiglia d'origine; discontinue le menzioni della partecipazione alla guerra di Troia, dell'attività piratesca, della trista sorte subita in Egitto.

Un'altra nota si aggiunge a margine della pagina: «Penelope non si accorge delle incongruenze né individua somiglianze; non sospetta menzogne, ma non riconosce lo sposo». E una sottile linea di matita sottolinea il verso 202: «Lui parlando diceva menzogne simili al vero». Poi Borra posa la matita e riprende la lettura.

Le armi! È il pensiero costante del guerriero travestito da mendicante. Vengono da lui ripetute a Telemaco le istruzioni per asportare dalla sala del banchetto «gli elmi, gli scudi convessi, le lance di faggio» (XIX, *vv.* 32-33) *ed è calorosamente approvato il piano di Penelope di indire fra i pretendenti una gara con il pesante arco di Ulisse.*

È scesa la notte: tutti i partecipanti al banchetto si sono dispersi, appartandosi soli o in coppie nelle varie dimore. A palazzo la sposa e l'erede di Ulisse salgono nei loro appartamenti, mentre l'ospite si allunga su un mucchio di pelli nel vestibolo. Sogni e presagi visitano gli irrequieti dormienti.

Sorge infine il nuovo giorno: i pretendenti riprendono a complottare la morte di Telemaco; nella dimora di Ulisse si prepara la loro morte.

19. *Dalle prode del Meandro e dalla nave* Matilda

> ἤδη γάρ ποτ' ἐγὼ γενόμην κοῦρός τε κόρη τε
> θάμνος τ' οἰωνός τε καὶ ἐς ἁλὸς ἔλλοπος ἰχθύς[1].
>
> EMPEDOCLE

«Li chiameremo i mesi del Meandro» disse Dawkins a Bouverie, preparandosi a sbarcare. Dopo cinque, intensi giorni passati a Samo, la nave era tornata sulla costa, e riposava alla fonda nel vicino porto di Palat. «Li prevedo come i mesi piú faticosi di tutta la nostra spedizione». Il percorso estivo nell'entroterra, lungo e oltre la valle ove si arricciolava capriccioso il fiume, appariva estenuante e per molti versi complicato: ma avrebbe permesso di ritrovare e identificare una collana di meravigliose perle del mondo antico, ora sepolte e mascherate da nuovi nomi. Palat e Samsun, Guzel Hissar e Pambouk erano state un tempo Mileto e Priene, Magnesia e Hierapolis.

Sarebbero partiti con camerieri, stallieri, interpreti e scorta. Avevano previsto soste in bazar e in abitazioni (qualcuna probabilmente spartana, qualcuna sicuramente lussuosa, come la villa di vacanza dell'aga di Denisley, a un'ora da Laodicea); la maggior parte delle notti l'avrebbero però trascorsa sotto le tende, in accampamenti protetti dagli armati.

Risalire il Meandro con la nave, anche per un breve tratto, si era rivelato impossibile «*as the bar was too high for the* Matilda», come aveva annotato nel diario Dawkins: l'insabbiamento della foce permetteva la navigazione solo a piccole imbarcazioni, sí che il capitano Puddie aveva dovuto noleggiare un battello greco a sei remi per la loro gita.

Wood aveva trovato rapidamente gli indirizzi dei mercanti segnalatigli a Efeso. Uno aveva già lasciato la città per Costantinopoli; ma il secondo si era rivelato quello giusto: sarebbe partito due settimane dopo per Mosca e San Pietroburgo. E si era detto lietissimo di render un servizio ai gentiluomini inglesi, recapitandone le lettere al palazzo del principe Ščerbakov. I gentiluomini inglesi l'avevano ringraziato, dicendosi lietissimi di acquistare in loco le scorte necessarie al lungo viaggio, grazie alla mediazione del cortese mercante greco.

Quella mattina, sotto un cielo smaltato d'azzurro, s'imbarcarono tutti e quattro sul battello per una giornata di pigra distensione, soddisfatti del lavoro organizzativo compiuto. Il Meandro procedeva in mezzo agli alberi, si inanellava fra distese di canne, ritornava sinuoso ai pascoli già sfiorati; le acque abbondavano di pesci, le sponde di uccelli. Dawkins dichiarò di rimpiangere di non aver portato un fucile: data l'abbondanza di selvaggina, sarebbe stata l'occasione per un'ottima battuta di caccia. Per qualche tempo continuarono a parlare di dettagli logistici. Poi il caldo aumentò e decisero di fare una sosta.

La barca accostò a una proda ombrosa. Mentre i rematori si accovacciavano sulla riva, loro penetrarono piú oltre, fino a una collinetta coronata da grossi alberi, simile alla *Folie* di un parco inglese. Abbandonandosi sull'erba, il capo appoggiato contro un tronco, Wood chiuse gli occhi; Borra sfogliava pigramente abbozzi di mappe. Jamaica era loquace: «Ripenso alla tua lettura del racconto di Ulisse ai Feaci» disse a Nemi. «C'erano alcuni versi che mi ronzavano in testa mentre risalivamo il fiume. Aspetta...» Trasse dalla tasca un'*Odissea*, cercò rapidamente e lesse:

> I Feaci non hanno timonieri, [...]
> ma le loro navi sanno da sé il pensiero degli uomini.
> (VIII, vv. 467-469)

Mostrò la pagina all'amico: «Tu hai immaginato un viaggio a ritroso nel tempo: dagli anni della guerra troiana a una società pastorale, e poi indietro fino a un mondo ancor piú primitivo. Ma allora, che cosa sono per te i Feaci, presso cui giunge Ulisse alla fine di quel percorso? Il loro re li definisce piú vicini agli dèi, anzi loro congiunti,

> come i Ciclopi e le selvagge tribú dei Giganti.
> (VII, v. 206)

«Dovrebbero essere quindi arcaici e, appunto "selvaggi"... eppure hanno oggetti e tecniche incredibili: i cani a guardia del palazzo sono automi d'oro e d'argento, e le navi procedono da sole verso la meta».

Nemi annuí: «Lo so. E non sono davvero convinto della risposta che potrei dare a questa domanda».

«Sentiamola, in ogni modo» fece Wood, sistemandosi meglio per attingere allo spuntino che veniva servito.

«Ovviamente potremmo definirlo il regno felice dell'utopia: qui non ci sono guerre, le piante portano perennemente frutti, e straordinari meccanismi compiono ogni azione utile all'uomo. È il sogno dell'età dell'oro, un'isola trasformata in Paradiso. Eppure...»

Anche Dawkins incitò l'amico reticente: «Eppure... qual è la tua ipotesi?»

«Mi chiedo: che cosa sappiamo noi del passato?» proruppe infine Bouverie. «Noi, i cultori del mondo antico... che cosa sappiamo veramente di come si sono sviluppate o distrutte le civiltà? A partire proprio da quella dei poemi omerici. Ci sono le dispute dei preadamiti, lo so... ma l'opera di Athanasius Kircher ci dice di un mondo coltissimo che pur esisteva e precedeva Omero...»

«Quando saremo sicuri della sua lettura dei geroglifici ne sapremo certo di piú» commentò Wood.

«Sí, non ne sappiamo abbastanza. Ma ben sappiamo che cosa, della cultura egiziana, pensavano i Greci: ricordate le frasi ammirative di Platone, di tanti altri... ecco, visto che siamo sbarcati a Samo, dove va il giovane Pitagora di Samo per conoscere le scienze piú progredite? In Egitto e in Mesopotamia». Abbandonata ogni esitazione, Nemi era ritornato quello che ben conoscevano, avventuroso ed entusiasta. «E poi... abbiamo riso ricordando le bellicose *femmes savantes* che immaginavano un'utopica civiltà al femminile prima di quella patriarcale; ma a Parigi non abbiamo incontrato anche archeologi affascinati dalle mura ciclopiche, che discutevano di una possibile, avanzatissima civiltà pelasgica, forse distrutta dal diluvio universale?»

Jamaica annuí al ricordo. L'altro continuava, quasi parlasse a se stesso: «Come noi siamo figli di una cultura evoluta, ma prima ci sono stati secoli bui, e prima ancora è esistito un mondo cosí mirabile che ne cerchiamo ora, devotamente, le tracce, fra scavi e rilievi… non potrebbero esserci state altre culture, precedenti l'Ellade, e poi cancellate e dimenticate – culture cosí progredite da conoscere e fabbricare quelli che giustamente hai definito "automi" e persino navi piú perfezionate dei nostri galeoni?»

Borra e Wood si scambiarono uno sguardo: «Interessante» disse quest'ultimo. «Prova ad approfondire il tuo pensiero. Per esempio…»

«Per esempio» acconsentí Bouverie «immagina lo stupore di un inglese del IX secolo che giunge a Bagdad e vede, nel palazzo del califfo, un albero d'oro e d'argento con uccelli di metallo che si muovono e cantano sui rami. Avrebbe gridato alla stregoneria, o al miracolo! Eppure gli automi erano ben conosciuti nel mondo ellenistico, e nella nostra biblioteca, sul *Matilda*, abbiamo il *De automatis* di Erone di Alessandria».

«Tu pensi dunque» concluse Wood «che possano esserci stati cicli diversi di civiltà, fioriti e poi scomparsi lasciando dietro di sé ricordi che diventano immagini favolose… ipotizzi una cultura piú raffinata e tecnicamente evoluta che avrebbe preceduto il mondo di Omero. Da cui appunto il mito dell'età dell'oro…»

«L'età di Saturno» fece Borra «aspettate un momento… me l'avevano fatto studiare a memoria. È Dante, naturalmente: "In mezzo mar siede un paese guasto…" Com'era? Com'era? Ah sí "che s'appella Creta, / sotto 'l cui rege fu già 'l mondo casto. / Una montagna v'è che già fu lieta / d'acqua e di fronde, che si chiamò Ida; / or è diserta come cosa vieta"[2]. E, se ben ricordo, sotto la montagna c'è la statua di un gigante in cui si riassume la storia delle civiltà: la testa è d'oro, e intatta, ma poi si passa all'argento, al rame, al ferro, e il corpo è fessurato. Non un progresso, ma un disfacimento. E mi avevano insegnato anche che il mito è storia, tramandata in forma poetica».

Nemi sorrideva: «Pensate se proprio a Creta, un'isola che oggi ci appare popolata da poveri contadini e da clefti rapaci, ci fosse stata prima di Omero una civiltà degna dell'età dell'oro: palazzi sontuosi, giardini, navi dagli strumenti perfezionati – quali noi cerchiamo di ottenere in Inghilterra tramite i miglioramenti della navigazione promossi dal *Longitude Act*. Una civiltà, naturalmente, dotata di arti e di scrittura...»

Wood e Borra confabularono sottovoce; poi il primo si schiarí la gola: «E sono sicuro, caro Nemi, che non hai preso visione del libro di Mr Vico, dato che è sempre rimasto nella mia cabina».

Borra ridacchiò, gli altri due li guardarono stupiti.

«Noi vi abbiamo esposto solo una parte dell'opera, quella che ci interessava perché riguardava Omero» spiegò allora Wood. «Ma c'è un'altra parte in cui il pensatore italiano descrive attraverso quali tappe avverrebbe la progressiva trasformazione della comunità umana, avvicinandosi quasi all'ipotesi di Nemi: immagina una successione di corsi e ricorsi storici secondo un disegno le cui forme si ripetono».

«Cioè dalla barbarie si passerebbe a gradi sempre piú alti di civiltà, prima del ritorno alla barbarie? Un disegno a cicli ricorrenti?» chiese Dawkins.

«Direi di sí. Come scriveva Mr Vico?» Wood si volse verso Borra. «Tu ne avevi preso nota».

«Sí, avevo copiato sul mio notes alcuni titoli di paragrafi, per tradurli. Per esempio, eccone uno: "Del ricorso delle cose umane nel risurgere che fanno le nazioni"»[3].

Fece una pausa, cercando di rimemorare le pagine lette: «Mi sembra che facesse proprio esempi italiani o meglio, mediterranei: un passaggio dalla barbarie alla civiltà, poi, con la caduta dell'Impero romano di nuovo un percorso dalla barbarie verso il Rinascimento e la modernità».

Rimasero in silenzio, pensosi. «Mi spiegherai meglio» fece infine Nemi. «Che le mie vaghe impressioni abbiano l'avallo di un filosofo è piú di quanto osassi sperare. Mi spiegherai».

Un lieve fiato di vento sembrava mitigare la calura. Conclusero di malavoglia lo spuntino e ridiscesero al fiume.

La barca si avviò scivolando sul verde velluto del Meandro. Dawkins aveva ripreso in mano l'*Odissea* e Bouverie sembrava fantasticare. Rompendo il silenzio del gruppo, Wood ricordò che il giorno dopo avrebbero consegnato al mercante greco il plico con le missive da portare a San Pietroburgo.

«Meglio ritornare non troppo tardi alla nave» disse allora Dawkins. «Devo trascrivere la mia elegante epistola al principe Ščerbakov».

Abbreviarono la gita, scegliendo di rientrare a piedi, in linea retta, per evitare i continui rigiri del fiume. Saliti a bordo, si distribuirono nelle cabine del *Matilda* a completare le lettere.

Solo Wood fece un ampio resoconto delle ultime settimane, aggiungendo ogni dato utile per le tappe future a cui avrebbero potuto essere indirizzate le risposte. Sigillò il tutto, poi riprese dalla scansia il volume di Vico per rivedere e precisare quel suo vago ricordo.

Eccole, le pagine della sezione finale, in cui Borra aveva inserito dei foglietti con la sua traduzione:

> Furono tre spezie d'autorità. Delle quali la prima è divina, per la quale dalla provvedenza non si domanda ragione; la seconda eroica, riposta tutta nelle solenni formole delle leggi; la terza umana, riposta nel credito di persone sperimentate. [...]
> I primi costumi furono tutti aspersi di religione e pietà. [...] I secondi furono collerici e puntigliosi, quali sono narrati di Achille. I terzi sono officiosi, insegnati dal proprio punto de' civili doveri[4].

Uno schema di pugno dell'architetto rimandava poi alle pagine che illustravano la ripresa del ciclo; il percorso dalla barbarie alla civiltà ricominciava, e di nuovo la prima fase era segnata dal ruolo di un'autorità religiosa, quella del Cristianesimo... L'indomani avrebbe mostrato quella sezione del libro a Bouverie.

Nella sua cabina anche Borra stava sigillando una busta: aveva allegato alla sua breve lettera due ritratti schizzati alla coppia ai tempi della sosta a Costantinopoli. Messo da parte il plico, continuò poi a disegnare, ritraendo a memoria i due volti, ripensandoli in certi atteggiamenti consueti: il viso di lui, dall'ossatura severa, le labbra rilevate e sensuali; la posa di lei, quando piegava leggermente il capo e sollevava gli occhi con apparente esitazione e maldissimulata ironia.

Bouverie raccontò del fluire del fiume e del fluire del tempo; sentiva di procedere a ritroso, con un percorso complicato e labirintico come quello affrontato la mattina sul Meandro. Era partito per quel viaggio mediterraneo con tanto entusiasmo – ricordò. Lo stesso ardore che l'aveva spinto verso il collezionismo di disegni, di dipinti, di antichi cammei... fino a fare di lui un esperto nonostante la giovane età. Si era creduto eletto per ritrovare un passato di assoluta bellezza, per salvare le reliquie di quel mondo classico cosí amato, scelto, studiato. Eppure aveva a volte – anzi, sempre piú spesso – l'impressione di essere spinto altrove, o ancora piú indietro.

Non so verso cosa, non so dove. È stato evidente, come lo è un attacco di febbri, nelle giornate passate a Efeso: ero ossessionato dall'assenza. Cercavo la città di Diana, il tempio di Diana, l'immagine di Diana, arcaica, feconda, fatale. E misuravo rovine in un odore di polvere.
*Ma il malessere era cominciato prima, direi dopo la vostra partenza. Nella Troade avrei dovuto essere felice; ed ero felice, leggevamo brani dell'*Iliade *sulle sponde dello Scamandro o sul fianco del colle dove si ergevano le Porte Scee. Poi chiudevo gli occhi e vi immaginavo in viaggio: carrozze che sobbalzano su una sterrata, intrichi di foreste che si chiudono nel buio della sera. E poi, stranamente, mi vedevo davanti altri viaggiatori. Si muovevano a piedi, in piccoli branchi pronti a chiudersi in difesa o a sparpagliarsi in attacco; senza strade né luci, senza tende né stazioni di posta; seminudi, sospettosi di ogni rumore, in cammino attraverso una natura oscura e incombente; con gli occhi rivolti a terra, di giorno, per procedere in un mondo senza sentieri; e rivolti verso il cielo, la notte, a riconoscere il cammino nelle stelle.*
Ho cominciato a scriverne, là nella Troade; e stasera ho ritrovato sul mio quaderno quel testo; steso d'un fiato, come dettato. Non so bene che cosa ho scritto, e ve lo mando: forse Christine me lo saprà spiegare.

La lettera continuava con parole gentili, domande premurose, affettuosi auguri. E vi era allegato un foglio dove Nemi aveva copiato in bella grafia i versi di quella sera lontana:

Poiché tre sono i regni dell'uomo.
Uno fu rivelato ai nostri padri – ed è disegnato dalle stelle.
Uno è rivelato ai nostri passi.
Del terzo ti dirò quello che mi è concesso.

Come una rete circondano la terra. Ogni nodo brilla
attraverso lo spazio.
Fra i nodi lucenti si stirano le maglie della rete. Segui il filo
e ritrovi il disegno.
Il cielo è un regno pieno di abitatori. I nostri padri
videro nomi e figure.
Videro sorgere il sole dai campi percorsi da un toro di ghiaccio.
Il toro era una maglia di stelle.

Il sole sorgeva dai neri campi e fecondava la terra.
Il toro portava il sole fra le corna.
Il toro portava il sole sulla fronte.
I tori sulla terra furono sacri.

Sacro è il riflesso che sulla terra
invia la rete di stelle.
Sacro è il luogo misurato sulla terra
dalla rete di stelle.
Sacro è l'albero toccato dal fulmine
e il piede dell'arcobaleno.

Ruotano nel cielo
orse e pesci, tori e arieti.
Corrono nel cielo i cacciatori.

Le stelle mandano alle piante l'ordine di fiorire
e alle bestie di generare.
Corrono sulla terra i cacciatori
quando il sole è fra le corna del toro.

Questo è il primo regno
il regno che fece fiorire i numeri.
La terra come un pesce
circondato da maglie di stelle
la terra come un cuore
con un corpo di nero e di luce.

20. *Dalla nave* Matilda

El universo (que otros llaman la Biblioteca) se compone de un número indefinido, y tal vez infinito, de galerías hexagonales, con vastos pozos de ventilación en el medio, cercados por barandas bajísimas[1].

JORGE LUIS BORGES, *La biblioteca de Babel*

Nel sogno, percorreva una successione infinita di spazi angusti e oscuri. Stanze o caverne, non capiva. Pareti frammentate in incavi, scansie, ripiani irregolari di pietra.

Nel sogno, si avvicinava a sfiorare con la mano un punto a caso. Gli sembravano muri fatti di libri: toccò qualcosa di scabro, e poi di troppo cedevole, e poi di fragile come una foglia secca. Qualcosa gli si sbriciolò fra le dita.

Era un'infinita biblioteca – lo capí sfiorando certe incisioni su una pietra – dove scritture di tutte le epoche si ammassavano e si confondevano: toccò libri di carta protetti da legni spessi o da sete sottili, e libri fatti interamente di legno o di seta; toccò tavolette cerate e lamine di metallo, reti di nodi, cortecce d'albero e pelli di animali. Allungò una mano in fondo a una cavità, si graffiò un polpastrello, s'incaponí ed estrasse una tavoletta d'argilla. Barcollò verso l'uscita, o forse l'entrata, ma pareva non ci fosse altro che la serie infinita di stanze irregolari e semibuie. L'argilla gli cadde di mano: vide che la scritta si era spezzata, ma che il blocco esterno ne conteneva un altro, come fosse stato una busta. L'afferrò: si trovò in mano il proprio taccuino. C'erano alcune poesie che non riuscí a leggere, e poi un gruppo di pagine tagliate: ne era rimasto uno spesso bordo interno, come la cicatrice troppo rilevata di una ferita.

Quando si svegliò, Bouverie pensò alla biblioteca del *Matilda*. Senza i loro domestici, delegati anche alla cura dei libri, potevano verificarsi pericolose trascuratezze nei mesi in cui la nave li avrebbe attesi alla fonda; e c'erano edizioni rare, stampe preziose...

Si consultò rapidamente con Dawkins, poi fece chiamare Nunzio in biblioteca. I servitori sarebbero partiti con loro nella lunga esplorazione via terra, gli comunicò: ciò significava da uno a due mesi d'assenza. Si pensava di affidare a lui la cura dei libri. Avrebbe steso un memento per segnalarlo a Puddie, insieme con altre istruzioni relative a quel periodo.

Gli occhi di Nunzio sfavillarono: i libri! Percorse con sguardo bramoso e riverente gli scaffali ricolmi, i cassetti di cui l'inglese gli mostrava le delicate ricchezze; riconobbe un'incisione, un quadro del Pio Monte della Misericordia. Un groppo di nostalgia e di fervore gli chiuse la gola.

Bouverie continuava le spiegazioni; poi si alzò e avanzò a salutare Borra e Dawkins, appena entrati. Al suo movimento, un aggressore invisibile si fece gatto, balzò a catturargli un piede, lo sconfisse con abile presa e fuggí per rendersi di nuovo invisibile. «Ma questo è amore omicida» rise Nemi tentando una carezza.

Sorrisero tutti e, con inattesa audacia, Nunzio canterellò: «Vurria addeventare suricillo». Vollero ascoltare la canzone, vollero la traduzione. Era una storia di mare – appresero – con una nave simile al *Matilda* e degli innamorati che (come il gatto di bordo) si facevano dispetti. Ma diventare un topo («o suricillo») per spaventare e poi rassicurare la persona amata rientrava nella tradizione delle arie napoletane che esprimevano desideri fantastici: diventare un uccello, un pesce d'oro...

Ancora qualche inizio di canzone, che i presenti tradussero a turno, ridendo. L'atmosfera si era fatta sempre piú lieve e briosa: la nave, giunta due notti prima nel porto di Palat, sembrava predisporsi per la lunga sosta, come una fanciulla che, al rientro da un ballo, si rannicchiasse fra le coltri e a poco a poco si addormentasse.

Avevano concluso anche le visite archeologiche a Samo: l'isola non offriva tutti i siti classici che avevano sperato. Colonne infrante giacevano in uno stretto passaggio presso il mare, ed erano riconoscibili un teatro e un tempio; altre identificazioni proposte da Pococke erano sembrate loro infondate. Palat avrebbe offerto ancora qualche interessante antichità (in fondo, ne erano convinti, era il sito dell'antica Mileto) e la possibilità di perfezionare le ultime decisioni prima della partenza verso le città dell'interno.

Scherzavano, canterellavano. «Vorrei diventare... e tu, cosa vorresti?» chiese a Nemi un giocoso Jamaica.

«Scrivere poesie mescolando diverse lingue e ritmi».

«Desiderio troppo letterario per farne una canzone».

«Vero. Allora... poiché un po' mi rattrista lasciare il *Matilda*... vorrei piuttosto farmi una casa in mezzo al mare».

Chini sul tavolo, scribacchiavano a turno i loro desideri su pezzi di carta, trasformando i brevi testi in motivi musicali pseudo-napoletani (che Borra commentava con roboanti «trallallalà»). Bouverie prese un foglio pulito e scrisse in francese, per permettere a Nunzio di tradurre piú agevolmente:

Je veux me faire une maison dans la mer
bâtie de plumes de paon et d'écumes...[2]

Lesse a voce alta e continuò poi oralmente, fra giochi di parole che gli venivano suggeriti dai presenti.

Nunzio ebbe qualche difficoltà, dapprima, a comprendere che cosa fosse quel «*pan*» che, nella bocca di Bouverie, suonava come un colpo di fucile; messo al corrente (l'inglese gli disegnò persino, accanto al secondo verso, un pavone che faceva la ruota), si mise a tradurre:

Me voglio fa' 'na casa 'mmiezz'o mare
fravecata de penne de pavune...

Fra i «trallallalero trallallalà» che risuonavano, entrò Wood, ugualmente allegro: «Ho una sorpresa».

Aveva passato la giornata a occuparsi della scorta. A differenza del gruppo che li aveva accompagnati a Sardi e a Pergamo, questa era una compagine i cui membri, provenienti da diversi territori, erano uniti dal ruolo militare, dalla comune sudditanza e dalla religione. Sí, tutti islamici, questa volta. Nel cercare di conoscerli e di prevenire possibili tensioni, aveva scoperto che alcuni, originari di Paesi del Caspio, conoscevano rituali sciamanici, probabilmente risalenti a terre siberiane e a tempi precedenti la conversione. C'era anche un *ozan*, un cantastorie: l'aveva invitato a esibirsi durante il loro pranzo. Avrebbero ascoltato i canti epici del suo popolo, avrebbero potuto interrogarlo… fortunatamente parlava turco, e Wood se la cavava abbastanza bene.

Uscirono dalla biblioteca chiacchierando animatamente, seguiti dal gatto imbaldanzito. Nunzio sostò ancora un momento, chiuse alcuni cassetti, rimise a posto penne, inchiostri e fogli; intascò la carta con i versi francesi decorati dal pavone, come un talismano. La notizia del nuovo incarico sarebbe piaciuta a Tonino: avrebbero festeggiato insieme a Palat, dove sembrava vi fossero, come a Foggia Nuova, famiglie provenienti dal regno di Napoli.

Il pranzo vide i quattro seduti da un lato del tavolo con il capitano Puddie; su una predella davanti a loro stava il bardo, con un aiutante. Entrambi soldati, i due si profusero in scuse: ormai erano piú militari che *ozan*, pur se ricordavano bene le storie; gli illustri ospiti avrebbero dovuto perdonare le eventuali pecche dell'esecuzione.

Poi l'*ozan* annunciò che avrebbe recitato alcuni racconti dal *Dede Korkut Kitab*, accompagnandosi nelle parti cantate con un *kopuz*. E cominciò, mentre Wood traduceva sottovoce.

Erano storie di coraggio, di battaglie e di saccheggio; Bouverie cercava tracce di sciamanesimo nella descrizione di qualche rituale, nelle evocazioni di animali. Wood, nelle pause, sottolineava le caratteristiche dell'epica orale: le lunghe reiterazioni testuali, la semplicità tematica. Si fecero tutti attentissimi quando il cantastorie, giunto al racconto di Basat contro Tepegöz, descrisse quest'ultimo come «un uomo mostruoso, con un solo occhio in fronte»[3]. Narrava in prosa; poi, a mano a mano che l'azione procedeva, le parti cantate si fecero piú frequenti.

Tepegöz – raccontò – era figlio di un pastore e di una fata, che l'aveva reso invulnerabile con un anello magico; allevato dal pastore con enormi pentole di latte, si era presto messo a divorare carne umana. (Ci fu un breve stacco. Wood traduceva rapidamente. Poi l'*ozan* riprese.) L'eroe che viene mandato contro il mostro si accorge che «lui ha carne solamente intorno all'occhio» e, fatto arroventare un palo, «dopo aver invocato Maometto dal bel nome lo infilò nell'occhio di Tepegöz con un forza tale che dell'occhio non rimase nulla». Anche il ciclope Polifemo è semidivino, ricordò sottovoce Wood al capitano Puddie, che seguiva diligente; ma per vincerlo Ulisse deve giocare d'astuzia, come pure per uscire dalla grotta dopo averlo accecato. Nessuna traccia qui degli inganni di Ulisse che, prima di colpirlo, ubriacava e addormentava il Ciclope, a cui aveva detto di chiamarsi «Nessuno». Anche la fuga dell'eroe dalla grotta del mostro, mescolato al suo gregge, riprendeva quella di Ulisse dall'antro di Polifemo, ma semplificandola.

I quattro ascoltavano, emozionati, l'episodio omerico, commentando come il modello fosse riconoscibile attraverso le sanguinose varianti e i ricorsi alla magia. Nessuna menzione della scaltrezza del protagonista, di cui era invece esaltata la forza. In luogo del celebre grido di Polifemo accecato – quando gli altri Ciclopi accorrono in suo aiuto e, dall'esterno della caverna, gli chiedono che accade, sentendosi rispondere: «Nessuno m'uccide, con l'inganno» (IX, v. 408) –, qui il mostro solitario declamava versi che il cantore fece risuonare appassionati e lamentosi, mentre il *kopuz* li assecondava con toni metallici:

Occhio mio, occhio mio, mio unico occhio,
con un solo occhio ho messo in ginocchio gli Oğuz,
mi hai separato dal mio occhio, mi hai messo in ginocchio,
che Tanri ti tolga la vita tua dolce,
io soffro cosí tanto per il mio occhio!
Che Tanri Onnipotente non dia a nessun guerriero la perdita dell'occhio!

Come era arrivato fra le steppe asiatiche l'episodio omerico? Oppure, come era arrivata a Omero una storia di mostri monocoli e di combattimenti nata nelle steppe asiatiche? Erano esametri dell'*Odissea* che viaggiavano con mercanti e guerrieri greci attraverso l'Impero persiano, oppure storie di sangue e di ardimento portate al galoppo nel Mediterraneo da armate d'arcieri provenienti dalle steppe siberiane?

I popoli che si muovevano fra diverse terre, quelli che chiamavano «divini» i cavalli e proclamavano sommo vanto il valore guerriero, avevano in comune il tema del coraggio in battaglia e della morte. Bouverie ripensava ai versi della Nékyia e alle parole di Achille – rilette in cabina dopo la serata delle *sortes vergilianae*. La gloria non consola della morte: «Meglio essere il misero servo di un misero, che sovrano nell'Ade». Eppure, subito dopo, Achille chiedeva notizie della bravura guerriera del figlio: ancora il primato della gloria, e la sopravvivenza del ricordo affidata al canto.

Il pranzo si stava concludendo fra complimenti e ringraziamenti. Il cantore e il suo assistente offrirono un'ultima ballata prima di andarsi a rifocillare:

Dove sono ora i signori e i prodi che io ho celebrato?

cantava l'uomo barbuto e assorto toccando le corde del suo lungo, elegante strumento musicale.

Coloro che dicevano – Il mondo è mio?
La morte li ha ghermiti, la terra li ha nascosti.
A chi è rimasto questo mondo perituro,
questo mondo che viene e va,
e la cui fine è la morte?[4]

«*Mais oú sont les neiges d'antan?*»[5] commentò Dawkins leggendo sopra la spalla di Wood la traduzione dei versi che questi stava annotando. Erano tutti soddisfatti, gli esecutori – ben ricompensati – e gli ascoltatori – rallegrati e soprattutto incuriositi. Dopo un breve colloquio, Bouverie disse che avrebbe voluto rivedere l'*ozan* per chiedere ancora particolari sul mondo degli sciamani. Ma non c'era fretta. Sarebbero stati insieme giorno e notte, nei meandri della valle del Meandro.

21. *Da Palat e dalla nave* Matilda

If we shadows have offended,
Think but this, and all is mended:
That you have but slumbered here,
While these visions did appear[1].
WILLIAM SHAKESPEARE, *A Midsummer Night's Dream*

8-10 settembre 1750, Palat.

L'antica Mileto li aveva accolti con un complesso termale saccheggiato, ma si congedò con un teatro mirabilmente preservato.

Nonostante le costanti predazioni dell'area archeologica, l'anfiteatro apparve ai loro occhi in una curva cosí armoniosa e compatta che Dawkins stesso si mise a schizzarlo sul suo quaderno: «Non voglio far concorrenza a Torquilino, che lo sta disegnando con mano da maestro, ma...» e annotava puntigliosamente a margine «31 *vomitoria* – uno centrale, 15 su ogni lato – *diazoma, podium, cavea...*»

Scriveva seduto sul basamento di un enorme leone di pietra, la schiena appoggiata contro il fianco del felino, la faccia al sole. L'aveva raggiunto Bouverie, che solitamente collaborava con Borra per le misurazioni, ma che quella mattina coadiuvava piuttosto l'amico.

«Che meraviglia doveva essere questo posto nei giorni di spettacolo, ti rendi conto?» sognava Dawkins.

«Le discussioni, le acclamazioni, le polemiche sui concorsi teatrali... e poi il silenzio del pubblico rapito, nei momenti in cui – come dice non so qual poeta – la pena del vivere si fa piacere dell'immaginare».

Bouverie lo assecondava evocando uno svolazzar di bianche toghe, di tuniche scarlatte e di manti violetti, fra lampi dorati di pesanti monili. Poi prese a designare a mano a mano i ranghi che salivano, dai posti privilegiati fino a quelli della gente comune e persino dei carcerati: «Gli ambasciatori, gli alti ufficiali, le belle etere... le guardie carcerarie...» Ripensò a Londra: «E forse l'atmosfera era simile a quella che noi abbiamo vissuto durante le rappresentazioni shakespeariane nei parchi, ricordi, Jamaica?»

Ma Jamaica rise: «Mi sta piuttosto venendo in mente la mia unica esperienza teatrale in veste classica. Avevo quindici anni e declamavo avvolto in un lenzuolo. Eravamo ad Abingdon, l'anno in cui un professore fanatico di teatro ci propose di mettere in scena episodi dell'*Iliade* e dell'*Odissea*».

«Racconta.»

Si stava avvicinando anche Borra, alla ricerca di un angolo d'ombra. Gli fecero posto.

«Leggevamo l'*Iliade*. E naturalmente la classe si era divisa in due entusiastici partiti: i filogreci e i filotroiani. Io ero con quelli che esaltavano Achille, il suo valore, la forza disperata delle sue passioni; ma rispettavo quelli che celebravano l'umanità di Ettore, la sua difesa della patria minacciata.

«Il professore ci disse di scegliere, tradurre e adattare al teatro un episodio omerico. Risolvemmo amichevolmente a pugni la questione: vincemmo noi filogreci, e scegliemmo l'episodio dei tre inviati di Agamennone che si recano nella tenda di Achille per placarne l'ira con bei discorsi e ricchi doni. Era una scena che comportava diverse persone, fra araldi, servi e guerrieri, cosicché ne fummo tutti soddisfatti. Avvolto nel mio lenzuolo, io aprivo lo spettacolo, raccontando le ragioni del diverbio e presentando i tre ambasciatori di pace: Ulisse, Aiace e il vecchio Fenice, un nostro compagno che si era imbiancato i capelli con troppa farina e ne spargeva intorno una nuvola, non appena scuoteva la testa... Achille era interpretato da un bellissimo ragazzo – che se ne andò alla fine dell'anno, chissà che ne è stato di lui...»

«Fu un successo?» chiese Borra.

«Fummo bloccati dai professori alla prova generale. La scena si chiudeva con le parole di Omero, che avevamo ri-tradotto e adattato. Io le recitavo... non le ho piú dimenticate».

Dawkins si alzò, assunse una posa declamatoria e gridò:

Senza aver nulla ottenuto, i messaggeri di pace
tornarono alle navi, e li guidava Ulisse.
Patroclo ordinò ai compagni e alle serve
di preparare in fretta un buon letto a Fenice.
Qui il vecchio giacque e attese la divina Aurora.
Dormí Achille nel fondo della solida tenda
con accanto una donna presa a Lesbo, Diomeda
la bella. In altra parte dormí Patroclo e accanto
gli giacque Ifi altocinta, donatagli da Achille.

«A questo punto facevo una lunga pausa.

Senza aver nulla ottenuto, i messaggeri di pace
tornarono alle navi, e li guidava Ulisse.

Tornarono sconfitti lungo il sonante mare.
Camminavano muti, e li guidava Ulisse.

«Ma la menzione delle due coppie giacenti nella tenda scandalizzò qualche professore. Vollero cancellarla e proposero invece che Achille, rimasto solo, cantasse una canzone d'amore in cui si racchiudeva tutta la sua nostalgia per la perduta Briseide: se la contesa con Agamennone aveva avuto origine dal possesso di Briseide, sembrava indecente che ora lui si portasse a letto un'altra ragazza».

«Omero è piú realista dei tuoi accademici!» fece allegro Borra.

«E fu un disastro» continuò Dawkins. «Achille era un ragazzo bellissimo, ma completamente stonato. Fecero cantare la canzone d'amore a Patroclo, e tutta la scena assunse un'aria ambigua, ancor piú imbarazzante per i professori. Ripetemmo la generale, che si chiuse fra le risate del piccolo pubblico ammesso. Allora decisero di tagliare il finale e tutta la mia parte. La prima dello spettacolo vide i messaggeri sconfitti allontanarsi dalla tenda di Achille sulle note di una musica funebre che raggelò l'uditorio e spense ogni convinzione all'applauso».

«Non avete piú ripresa l'esperienza teatrale?»

«So che il semestre successivo fu messa in scena l'*Odissea*, l'episodio di Ulisse e Polifemo. Ma io rifiutai di interessarmene, sentendomi offeso. A quindici anni, si sa... Mi dissero che per dare l'idea del gigante Polifemo scelsero un ragazzo grasso e lo fecero recitare sui trampoli; e soprattutto che ci furono parecchi problemi per ottenere un po' di pecore da mettere nel suo antro. Gli studenti non ci riuscirono, i professori non li appoggiarono e credo che abbiano dovuto truccare da ovini i cani degli amici».

Ridevano, asciugandosi i volti sudati. Il sole si era fatto insostenibile. Ritornarono a bordo, lasciando Wood al suo appuntamento con il capitano Puddie: la lunga sosta della nave prevista a Palat durante la loro assenza sembrava comportare qualche problema.

Prima di sera avrebbero fatto l'ultima riunione omerica a bordo del *Matilda*. Il giorno dopo sarebbero partiti in carovana per il «*longest jaunt*», risalendo la valle fino a riscoprire Priene e Magnesia ad Maeandrum, a incrociare la carovaniera per Smirne, a raggiungere Laodicea e Aphrodisias.

Il cielo era ancora smaltato d'azzurro e appena graffiato di porpora quando si ritrovarono sul ponte, chi munito di una copia dell'*Odissea*, chi con le mani in tasca e l'aria di godersi un'ora di vacanza: la riunione si sarebbe tenuta all'aperto – decisero – tale era la perfezione di quel tramonto venato da un lieve e freschissimo soffio di vento. Ma li raggiunse Wood, con la notizia che la nave non sarebbe potuta rimanere ormeggiata a Palat; l'indomani, dopo la loro partenza, sarebbe salpata per Budrum, nel cui porto li avrebbe attesi. La riunione era sospesa, lui doveva tornare a terra.

Mentre Borra scendeva in cabina, Dawkins e Bouverie rimasero a chiacchierare appoggiati all'impavesata. «Addio Mileto dal bel teatro» fece Jamaica.

«Sai che proprio di teatro ho parlato con l'*ozun*? O meglio» Nemi assunse l'aria fintamente svagata con cui di solito celava quel che gli stava a cuore, «abbiamo parlato di rituali. Funerali e matrimoni, che il suo assistente ha definito “sostanzialmente simili, dalle nostre parti: si piange, si ride e magari qualcuno tira fuori il coltello”».

Guardava la costa abbrunata, la città turca che era stata greca e romana e famosa un tempo.

«Abbiamo parlato soprattutto di riti funebri. E di canti, che mi hanno un po’ tradotto: “Cosa ti resta di chi hai amato?” ha cantato l’assistente, con una voce molto bella».

«E... il teatro?»

«Cosa ti resta di chi hai amato?... Forse è la questione che dà origine all’arte. Un albero può ricordarti una persona perduta; e meglio ancora una figura scavata nel suo legno o resa duratura dalla pietra».

«O modellata nella cera, come in una dimora romana» aggiunse Dawkins «o celebrata dal ritratto in un medaglione, come da noi...»

«Ma sai in quante culture il rito prevede una cerimonia di ritorno del morto in un giorno preciso? Sto prendendo nota di diversi esempi, che apprendo quasi per caso, da marinai, da soldati. Presso alcuni popoli, in un certo giorno dell’anno viene a cena un uomo col volto coperto di cenere che rappresenta il defunto; ed è una cena rituale, naturalmente. Ci sono addirittura Paesi in cui chi si presenta ha il volto celato da una maschera: per incarnare il morto, oppure – non so – per simulare il cadavere, per dire la putrefazione della carne».

«Maschera e interpretazione di un ruolo... di qui l’origine del teatro, pensi? Ma che ne fai di Aristotele?»

«Aristotele dice semplicemente che il teatro si sviluppa dal ditirambo; anzi, sottolinea che all’inizio c’è un solo attore e l’importante è il coro. Pensaci. C’è una persona sola – il volto coperto da una maschera. E intorno i tanti che lo ricordano nel canto».

«Cosa ti resta di chi hai amato?» ripeté Dawkins a voce bassa. «Forse... la consolazione del pianto condiviso».

Era ormai sera. Bouverie si staccò dall'impavesata. «La mia è solo un'ipotesi. Ma il caso ha voluto che la prima tragedia che noi conosciamo – delle poche pervenuteci dalla distruzione del teatro antico – metta in scena l'evocazione di un morto. Ricordi *I Persiani*? Sogni, presagi e messaggeri portano alla Persia la notizia della disfatta. Nell'inquietudine, che si fa angoscia, si evoca il defunto re che esce dal sepolcro e prende la parola».

Uno dei domestici di Dawkins li raggiunse sul ponte per confermare l'ora della cena – ritardata per permettere a Wood e a Puddie di ritornare a bordo. Avvertito in cabina della modifica, Borra l'apprezzò: «Buona idea». Sarebbe stato l'ultimo banchetto raffinatamente cucinato dai cuochi sul *Matilda*, prima dei semplici pasti previsti per i viaggiatori in terraferma. E nell'attesa lui avrebbe avuto il tempo di rileggersi piú canti dell'*Odissea*, a cominciare dalla descrizione dell'ultimo convito dei pretendenti nella casa di Ulisse.

Odissea, libri XX-XXIII

È un giorno pieno di presagi quello che si apre per i giovani che aspirano alla mano della regina: gli uccelli svelano il futuro dal cielo o annidandosi sulle travi del tetto. L'improvvisa autorità assunta da Telemaco, la sorprendente sicurezza mostrata dal mendico provocano risa isteriche

che si fanno lacrime mentre le bocche dei giovani protervi addentano carni che sembrano sanguinare.

Penelope ha fatto portare il grande arco con una faretra colma e dodici scuri. Telemaco le dispone in fila, sí che una freccia lanciata con destrezza possa volare attraverso i dodici anelli. Dopo aver parlato con il porcaro Eumeo e un bovaro da poco sopraggiunto, sa che ora sono in quattro e ben armati contro una massa di nemici che sarà colta di sorpresa: prova addirittura a piegare il grande arco del padre, e quasi vi riuscirebbe se un cenno imperioso non lo facesse desistere. Non bisogna destare sospetti.

Sicuro della sua forza, Antinoo ha proposto di cominciare «secondo il giro con cui si mesce da bere». Iniziano di fatto i piú deboli, poi gli altri provano invano a tendere l'arco. «Oggi nel nostro Paese è festa religiosa» li giustifica Antinoo, sempre attento al proprio ruolo di capo; e intanto fa ammorbidire l'arco con strutto e calore. «Continueremo domani». Sta per libare con una coppa di vino quando viene trafitto in gola da una saetta. Balzando sulla grande soglia e brandendo l'arco, rovesciate tutte le frecce della faretra ai suoi piedi, un guerriero si è spogliato degli stracci di mendico e ora si proclama Ulisse.

Eumeo e il bovaro si erano immediatamente convinti della sua identità: non solo lui aveva menzionato la cicatrice ricordata da Euriclea, ma c'era l'avallo di Telemaco. Il pretendente che prende la parola, nel terrore di tutti gli astanti, chiede però una verifica: «Se davvero tu sei Odisseo di Itaca e sei tornato...» (XXII, *v. 45) in quel caso propone risarcimenti, accusa Antinoo di essere l'unico responsabile, implora pietà. Ma capisce che*

> «quest'uomo non fermerà le sue mani implacabili
> [...] fino a che ci avrà uccisi
> tutti quanti».
> (XXII, vv. 70-73)

E cosí accade, malgrado i tentativi di difesa del gruppo: fiancheggiato da Telemaco e dai servi, il guerriero che si è proclamato Ulisse, e ha reagito «con un sorriso sardonico» alle provocazioni, procede implacabile nella sua strage. Solo l'araldo e l'aedo Femio – riconosciuti incolpevoli, anzi utili in prospettiva – vengono risparmiati. Del capraio Melanzio viene fatta orribile vendetta, estesa anche alle ancelle che sono state amanti dei pretendenti. Costrette a pulire il luogo della carneficina, sono poi uccise da Telemaco che preferisce alla spada il rito umiliante dell'impiccagione.

L'atrio è un ammasso di cadaveri, le sale sono purificate con zolfo e fuoco. Euriclea corre felice a dare la notizia a Penelope, che si proclama incredula del ritorno di Ulisse, ma che subito scende a vedere «i pretendenti morti e colui che li ha uccisi» (XXIII, v. 84).

Telemaco guarda la madre entrare nella grande sala e sedere muta, senza dar segno di riconoscimento:

> «Madre che non sei madre, tanto hai il cuore duro,
> perché resti lontana da mio padre, e non siedi
> accanto a lui, non chiedi, non vuoi saper nulla?»
> (XXIII, vv. 97-99)

Ma i due, seduti ai lati opposti del grande focolare, si fissano in silenzio.

Borra chiuse il libro e uscí dalla cabina per recarsi a cena. Era rimasto impressionato dalla scena del cibo cotto che si faceva nuovamente sangue nelle mani e nelle bocche dei pretendenti – implacabile segno divino di condanna a morte, che sembrava evocare quello precedentemente descritto alla corte dei Feaci. Là (nel passo che lui aveva accuratamente ritrovato e riletto) Ulisse raccontava la strage delle vacche sacre al Sole, uccise dai suoi compagni affamati, ma le cui «carni sugli spiedi muggivano» (XXII, v. 395) preannunciando la morte dei dissacratori. Ora, a Itaca, era il riso misto al pianto degli stessi convitati a indicarne la sorte incombente.

«Non mangi, Torquilino?» chiese Dawkins. Lui guardò le carni al sangue che venivano portate in tavola e optò per una porzione di formaggio; aveva preso troppo sole, si scusò. Dal giorno dopo, durante la cavalcata, si sarebbe protetto con un turbante.

22. *Presso le mura di Samsun*

Their impatience of a regular Government, their genius for War, Rapine and Piracy[1].

ROBERT WOOD, manoscritto

Il primo giorno di cavalcata – da Palat in direzione di Iné – li condusse fin sotto le mura del castello di Samsun, dove si accamparono. Era il sito dell'antica Priene, come confermò un'iscrizione: colonne doriche, un bel tempio di stile ionico, numerosi sedili di marmo.

Mentre scendevano le tenebre, Dawkins notò rapidamente sul suo diario che l'acropoli era ben conservata; il giorno dopo si riprometteva una fruttuosa ispezione. Contento e stanco, salutò tutti, augurando a sé e agli altri «un sonno di piombo».

L'accampamento si fece silenzioso. Ma entro le tende, e oltre le tende, la notte era troppo calda.

John Bouverie si costrinse a rimanere ancora sdraiato, constatando che un breve giro nel campo non gli aveva recato alcun sollievo. Sentiva il sudore bagnargli la fronte, la gola, il petto: si tergeva febbrilmente con un largo fazzoletto di lino.

Spuntava l'alba quando il sonno ne placò l'inquietudine, con un sogno che lo portò in una caverna gocciolante e oscura. Poi vi fu una sciabolata di luce, e lui si mise a percorrerne gli spazi. Non era una grotta, ma una serie infinita di stanze che delle grotte avevano l'apparenza, frutto di inconfessato artificio. Pareti frammentate in incavi, scansie, pietre sfaldate a formare ripiani.

Nel sogno, riconobbe il suo sogno.

Si avvicinò a toccare qualcosa di scabro, poi di troppo cedevole, poi di fragile come una foglia secca. Sapeva che avrebbe frugato in fondo a una buia cavità, che ne avrebbe tratto un'argilla insignita di una scritta misteriosa, sapeva che gli sarebbe caduta e – spezzandosi – avrebbe rivelato all'interno un altro testo, anch'esso indecifrabile. Si sentí colto da un'onda di sconforto. La sua mano afferrò l'argilla, la lasciò cadere malgrado lo sforzo consapevole e disperato per trattenerla: la vide infrangersi ai suoi piedi.

D'un tratto capí: era la lettera che decretava la morte di Bellerofonte.

Si svegliò, sempre madido di sudore. Il sonno era stato breve. Contrariamente alle loro abitudini – che avevano dichiarato «detestabili» i racconti di sogni –, ne accennò a Dawkins, mentre facevano colazione:

«Ho fatto un sogno che mi ha riportato a una certa idea. Noi conosciamo solo alcune scritture del Mediterraneo, e neppure le sappiamo decifrare. Ricordi quella conferenza, a Oxford, sulle serie di segni *pyramidales seu cuneiformes*?»

«Ricordo vagamente. Siamo scappati dall'aula prima della fine, mi sembra. I manufatti erano interessanti, però...»

«E un giorno o l'altro si riuscirà a leggerli. Ma chissà quante scritture si sono succedute fra questi popoli, con chissà quanti sistemi, su chissà quanti supporti. Stanotte ho sognato pietra e pergamena, papiro e corteccia, carta e tessuti. La pietra resta, il papiro resiste solo nel clima secco dell'Egitto, il tessuto si fa straccio e si perde. Ecco, mi sono detto al risveglio, davvero i poemi omerici erano stati solo canti trasmessi oralmente, prima delle registrazioni di Pisistrato? In queste terre c'era un mondo interrelato di commerci e di conflitti, di scambi di conoscenze e di culti. Qui vivevano mercanti che conoscevano lingue diverse e probabilmente differenti tipi di misurazioni e di alfabeti... ma forse gli abitanti di queste coste usavano supporti di scrittura troppo fragili perché ne sia rimasta traccia».

Dawkins lo guardava, pensoso. Ai piedi del castello l'accampamento ferveva di attività mattutina. Gli amici erano desti, e già si preparavano alle rilevazioni. Rifletté un poco e gli rispose. «Nemi, credo che tu non abbia mai abbandonato la posizione che avevi difeso quando, a Roma, abbiamo discusso l'episodio di Bellerofonte. Hai lasciato cadere la questione per quieto vivere, vero? Wood era cosí convinto della trasmissione orale dei poemi, e non perdeva occasione di narrarci le sue esperienze con i cantori albanesi o italiani...»

«Non ho insistito per non essere scortese con Wood, è vero. Ma continuo a pensare che, se l'episodio dell'*Iliade* racconta di un re che affida a Bellerofonte un messaggio per un altro sovrano, e questo messaggio dice in realtà di metterne a morte il latore, un qualche tipo di scrittura doveva sussistere. Stanotte ho sognato addirittura il sistema che, presso certi popoli, poteva assicurare il segreto: non due tavolette strettamente legate, con un messaggio all'interno, come avevo pensato a Roma, ma un testo inciso su argilla, che viene poi cotta e messa in un involucro, anch'esso di argilla, ove si verga il nome del destinatario. È un tipo di scrittura il cui segreto è assolutamente sicuro: non puoi leggerlo se non frantumandone la busta di creta con un colpo di martello».

«Stai addentrandoti in un mondo piú antico e sconosciuto di quello che amiamo e che siamo venuti a scoprire, non è vero? E ti vedo procedere come alla cieca...»

«Sí, di giorno leggo, scrivo o scavo con voi. Tutto mi è chiaro. Abbiamo dati, testi, una preparazione, una cultura di riferimento. Ma quando avanzo in sogno o procedo scribacchiando versi, mi sembra di muovermi in un modo strano, che non mi appartiene». Bouverie ebbe una risatina forzata, poi proseguí sottolineando certe parole: «Un modo che non mi appartiene, un *mondo* che non *ci* appartiene, e per il quale non trovo compagni di viaggio. Ho cercato di parlare all'*ozan* tramite Wood, ma mi sembra che anche la cultura sciamanica mi dia risposte troppo vaghe».

Una pausa. Con un sorriso quasi di scusa Bouverie aggiunse: «Ho riparlato con Wood anche delle tradizioni poetiche irlandesi e gallesi – che lui ben conosce. Mi ha confermato che in effetti c'erano figure diverse di cantori; quelli ammessi a corte e quelli erranti nei villaggi, quelli che componevano testi e quelli che solo li recitavano, quelli che scrivevano e quelli che si esibivano fra mimiche e capriole, quasi saltimbanchi analfabeti... Lui non deflette dalla sua idea dell'oralità dei testi omerici, pur ammettendo l'esistenza in parallelo o in precedenza di scritture; io ne sono sempre meno sicuro».

Si levarono entrambi, si unirono agli altri, iniziarono una giornata di prospezioni e rilevazioni. Le mura di Priene erano notevoli, sia a cinta della città che a supporto dell'acropoli. Borra dettagliava con cura sul suo quaderno l'eleganza di un tempio, la sobria bellezza delle colonne del Foro. Era vestito alla turca, come Wood; Dawkins esitava ancora, coniugando gli elementi piú comodi dei due abbigliamenti: solo Nemi restava ligio ai dettati occidentali.

A sera, constatarono soddisfatti il buon andamento della carovana nelle sue varie componenti: le due intense giornate di lavoro che inauguravano il «*longest jaunt*» si stavano svolgendo senza intralci. Ma la proposta di una discussione omerica (quella prevista e poi annullata nell'ultimo giorno sul *Matilda*) fu rifiutata ancora una volta al volonteroso Borra: Dawkins era assonnato, Wood doveva chiarire qualche dettaglio con gli interpreti e informarsi su una questione relativa ai cavalli.

Fu Nemi, ormai partigiano della teoria della «falsa agnizione di Ulisse» (per puro divertimento, come aveva confidato a Jamaica) che sedette vicino a Torquilino per ripercorrere rapidamente e commentare con lui la scena del riconoscimento da parte di Penelope. C'era ancora una bella luce.

Odissea, libri XXIII-XXIV

> «Telemaco, lascia che tua madre mi metta alla prova;
> presto saprà riconoscermi meglio».
> (XXIII, vv. 113-114)

Il guerriero coperto del sangue degli uccisi ha dato ordini categorici, che Telemaco ha fatto eseguire con zelo: l'aedo prenda la cetra e faccia musica, la reggia risuoni di canti e scalpiccio di danze, perché nessuno sospetti le stragi avvenute. «La regina si sposa, dunque» commentano infatti in paese.

L'uno di fronte all'altro, la donna astuta che ha saputo lungamente ingannare i pretendenti e l'uomo polytropos *e* polymetis *sembrano misurarsi.*

«So bene com'eri,
quando salpasti da Itaca sulla nave dai lunghi remi».
(XXIII, vv. 175-176)

dice Penelope al guerriero reduce dalla strage, ora riccamente rivestito e immobile davanti a lei.

«È un dialogo fatto d'astuzie» commentò Bouverie. «Lui chiede un letto per riposare, preparando la rivelazione della natura particolare del talamo. Lei si adegua, proponendo falsamente alla nutrice di trasportare il loro «solido letto» fuori dalla stanza nuziale e metterlo a disposizione dell'ospite. E qui il naufrago dà la prova di essere Ulisse, sapendo il letto intrasportabile: l'ha fabbricato lui stesso da un olivo che cresceva in cortile – dice –, trasformando cosí il cortile in talamo. Nessuno conosce il segreto, tranne i due sposi e un'antica servente a loro addetta. Ma tu, caro Torquilino, avrai certo pensato che il segreto non era in realtà cosí assoluto. Il bambino allevato nelle stanze della madre, come era d'uso, in un rapporto tanto piú intimo per l'assenza di Ulisse, ne conosceva benissimo gli appartamenti. Certo, durante la lunga conversazione nella capanna di Eumeo, la particolarità di quel letto-albero, dove l'infante sognava il ritorno del padre, sarà stato lungamente dettagliato da Telemaco».

«È la spiegazione che mi sono dato. Ma vedi, Nemi, c'è altro. Mentre Penelope sta vagliando la prova d'identità fornita dal guerriero, questi subito aggiunge che sarà poi costretto ad andarsene. Glielo ha predetto il morto Tiresia durante la Nékyia: dovrà lasciare Itaca e mettersi in viaggio verso Paesi cosí lontani che gli abitanti

> non conoscono il mare, non mangiano i cibi
> conditi col sale, non hanno mai visto
> le navi dipinte di minio.
> (XXIII, vv. 269-271)

Dice cioè che, sterminati i pretendenti e rintuzzata la prevedibile vendetta delle loro famiglie, intende lasciare il posto a Telemaco. Questo è, a mio avviso, il messaggio piú importante della lunga conversazione, e a questo messaggio si adegua l'astuta Penelope, celebrando un riconoscimento che è promessa di un futuro regno per il figlio – finalmente libero da pericoli».

«*Chapeau, mon ami!*» Bouverie si alzò, scappellandosi e mimando un profondo inchino. «Hai completato benissimo la tua ricostruzione. Con l'avallo di Penelope e di Telemaco, non ci saranno difficoltà a far accettare il riconoscimento al povero, smarrito Laerte. E con l'esperienza di un grande guerriero quale è il nuovo arrivato, ora coadiuvato dai servi della casata di Ulisse, sarà possibile intimidire le famiglie dei pretendenti, desiderosi di sanguinosa rivalsa ma consapevoli della catastrofe insita in una guerra civile. *Happy end*».

Borra annuí, chiudendo il libro.

«*Salus, Concordia et Pax*» continuò Bouverie. «Lasciami anticipare una formula in uso secoli dopo, quando ci saranno compagini forti come lo Stato romano. *Salus, Concordia et Pax*, auspica Omero, anche se ora abbiamo solo un mondo semi-tribale, con un mosaico di famiglie e di...»

«Vendette» fece una voce alle loro spalle. Wood era sopraggiunto come un'ombra svolazzante nella luce fioca della sera imminente. Li aveva ascoltati per qualche minuto, non osservato. Ora si accostò a loro e prese a recitare a memoria alcuni esametri che subito tradusse per Torquilino:

"Chi ha ucciso nel Paese anche un solo uomo
a cui non sopravvivono molti vendicatori,
fugge abbandonando i congiunti e la patria;
noi abbiamo ucciso il baluardo della città,
i migliori giovani di Itaca".
(XXIII, vv. 118-122)

«Cari amici, non so se davvero l'*Odissea* inauguri la consolazione letteraria del "lieto fine". Ulisse conosce benissimo – e le espone chiaramente a Telemaco – le conseguenze sanguinose del massacro compiuto a palazzo: ma un primo scontro vittorioso convince i famigliari degli uccisi a desistere. D'altra parte non si tratterebbe di una guerra fra due famiglie, ma di una vera e propria guerra civile. E ciò è inviso agli dèi».

Le ombre della sera si innalzavano. Giunsero due servitori con le torce, per accompagnarli alle tende. Ma Wood indugiava. Appariva appena stanco, e desideroso ancora di conversare. «*Happy end*, dite, per compiacere il pubblico? Oppure documento di una fase di trasformazione del sistema politico? Forse». Si volse a Bouverie: «So che hai parlato con alcune guardie. Io volevo dirti che ho trovato un giovane illirico che conosce benissimo l'epica orale di cui abbiamo discusso piú volte. Un giovane intelligente, colto...»

«E come mai è qui a fare il soldato?» chiese Borra.

«Vendetta, appunto. "Chi ha ucciso nel Paese anche

un solo uomo...” È il *kanun* che vige nel suo Paese, una catena di vendette a partire da un omicidio: un sistema che ha finito per distruggere la sua *gens.* Lasciare il Paese era per lui l’unico modo di salvarsi».

Camminavano ormai verso le tende. Brillavano fulve le torce; brillava bianca la luna.

«Come nell’*Odissea*» fece Borra. «Cosa dice lo straniero incontrato a Pilo, a cui Telemaco darà un passaggio sulla sua nave? “Ho ucciso un uomo, devo scappare dalla vendetta dei parenti”».

«Come nell’*Iliade*» aggiunse Bouverie. «Cosa dice Patroclo, di cui pur si esalta la mitezza? “Da ragazzino, ho ucciso un compagno di giochi, dovevo fuggire dalla vendetta dei parenti”. Per questo è accolto a Ftia e allevato insieme con Achille».

«La fuga dal proprio Paese, la condanna a un viaggio in terre straniere sembrano la punizione sociale per l’omicidio» concluse frettolosamente Wood. «Una condanna che placa gli dèi». Salutò ed entrò nella sua tenda.

«Certo che, se un viaggio in terre straniere, come dice Wood, è la punizione voluta dagli dèi, dieci anni di peregrinazioni sono una punizione ben greve per aver mangiato qualche bistecca d’altrui bovino...» sorrise Borra, apprestandosi lui pure a rientrare sotto la tenda.

«Già. Dovremmo pensare che la colpa fosse ben piú grave».

«Per esempio?»

«Appunto un omicidio. Ma non di un uomo qualsiasi. Di un re». Nemi sollevò la destra e l’architetto si bloccò. «Ritornano da Troia, si danno a un’attività di predoni, litigano per il bottino cosí che il nostro guerriero uccide l’altro. E l’altro potrebbe essere un re, Ulisse sovrano di Itaca. Buona notte, Torquilino».

23. *Da Guzel Hissar*

Medios cum Sol accenderit aestus[1].
PUBLIO VIRGILIO MARONE, *Georgiche*

L'avventuriero che giunse a Itaca e si rannicchiò a dormire sulla spiaggia si chiamava forse Ulisse?
O forse Ulisse – come suggerivano pensieri e sogni degli Itacensi – dormiva «in una tomba d'acqua» e ben lo sapeva l'avventuriero che era stato suo commilitone sotto le mura di Troia. Al termine dell'assedio e dell'eccidio – lui stesso poteva raccontarlo –

da Troia il vento [ci] spinse verso la terra dei Ciconi,
a Ismaro: saccheggia[mmo] la città [distruggendola].
Prendemmo donne e molte ricchezze.
(IX, vv. 39-41)

Il bottino non bastava mai.
Avevano assalito città, avevano depredato isole e coste, avevano passato giorni (o mesi? o anni? come valutare il tempo nelle terre del loto?) masticando sostanze che moltiplicavano mirabili visioni, avevano massacrato ed erano stati massacrati.
Poiché a volte le città erano forti di guerrieri, o di alleati numerosi

quanti fiori e foglie
nascono a primavera, e la mala sorte mandata da Zeus
piomb[ava] su noi infelici.
(IX, vv. 50-52)

Avevano razziato, goduto e venduto donne, otri di vino, lebeti preziosi, armi bronzee, coppe niellate. Avevano riso, gridato, bevuto, delirato, litigato a sangue. Lui era sopravvissuto. Era il piú forte, in una compagine di forti. Il piú astuto, in un popolo famoso per l'astuzia. Polytropos, l'ingannatore.
A volte un'idea gli balzava armata dalla mente, come se gli apparisse davanti la dea che si diceva nata in armi dalla testa di Zeus. Una divinità in cui si traducevano la forza e la bellezza dell'umano intelletto: con tutta la complessità della donna, con la virilità del guerriero.
Lui sapeva combattere e mentire, mascherarsi e smascherare. Sapeva che non bisognava lasciare testimoni. Non uno dei compagni di Ulisse era sopravvissuto. Non uno dei pretendenti ai beni di Ulisse sarebbe sopravvissuto nella sala dell'orribile banchetto, e nessuno che a loro fosse stato prossimo, servi e schiave.
Ma passati i quarant'anni si fa gravosa una vita di guerra e di razzie; passati i quarant'anni bisogna trovarsi un ruolo e un luogo per vivere bene. Il trono di Ulisse sarebbe stato quel ruolo e quel luogo.
Ne sarebbe partito un giorno? Si sarebbe fatto di nuovo ramingo, per recarsi in Paesi cosí lontani che gli abitanti

non conoscono il mare, non mangiano i cibi
conditi col sale, non hanno mai visto
le navi dipinte di minio[?]
(XIII, vv. 269-271)

Chissà. Che Penelope lo credesse, era ciò che ora contava. Lui era

l'uomo versatile che vagò tanto
dopo avere distrutto la sacra rocca di Troia;
vide molte città di uomini e ne conobbe la mente.
(I, vv. 1-3)

Cicatrici sul corpo, e mani possenti.
Il suo nome? L'aveva gridato tante volte, ridendo di trionfo o piangendo prigioniero fra i lacci che gli segavano le carni: «Il mio nome è Nessuno» (IX, v. 366).

Dawkins chiuse il taccuino di Bouverie, che aveva deposto sul ripiano della finestra quando i domestici avevano tolto la redingote al giovane febbricitante, balbettante, convulso, e l'avevano fatto sdraiare.

«Sembrava svenire, gli abbiamo fatto bere del cognac» gli avevano detto.

Si avvicinò al letto. La stanza era spoglia ma, graziaddio, meno calda delle tende nell'accampamento. E stava arrivando il medico del pasha locale, subito avvisato. Anche Wood accorreva, scuro in volto. Borra era da qualche parte a disegnare, non sapevano dove.

Il medico era greco, grasso, loquace. Aveva studiato a Padova, spiegò; aveva studiato a Bologna, aveva studiato in tutte le migliori università d'oltremare: non aveva con sé i certificati, ma il Lord non doveva dubitare della sua sapienza, perché anche il pasha... Dawkins ne troncò il profluvio di parole, invitandolo a visitare subito il malato.

Non c'era problema – il medico fece un cenno all'assistente –, un salasso avrebbe scacciato la febbre.

Il salasso sembrò giovare a Nemi. Cessarono le convulsioni, sostituite da uno stato di torpore.

«Bene, lasciatelo riposare» fece il medico. «No, non deve scoprirsi. Gli preparerò una mia pozione».

Il sole entrava prepotente dalla finestra, disegnando al suolo un quadrato di luce che a Dawkins parve insostenibile.

Riprese in mano lo spesso taccuino, di nuovo ne sciolse il legaccio di pelle. A differenza dei quaderni dove i tre inglesi scrivevano le note che poi confluivano nel diario di bordo puntualmente steso da Dawkins, il Taccuino di poesia – come lo chiamavano con aria un po' ironica i due amici – era uno spesso blocco di carta rilegato in pelle verde, protetto da un laccio. Era stato usato nei due sensi – si accorse Jamaica. In quello normale si presentava come uno scartafaccio travagliatissimo di citazioni in greco, versi in inglese e in francese, cancellature, correzioni, qualche pagina strappata. Capovolto, ospitava episodi dell'*Odissea*, riscritti in una prosa che dava corpo alla giocosa interpretazione proposta da Borra e da Christine. Nemi si era divertito a tradurre l'ipotesi della «falsa agnizione di Ulisse» in una serie di scene sviluppate con una scrittura che appariva regolare, senza troppi ritocchi. Qui non c'era l'ansia che lo divorava in poesia, ma il divino piacere dell'invenzione letteraria. Dawkins risalí in rapida lettura dall'ultima pagina ai testi precedenti.

Gli episodi omerici che avevano luogo a Itaca erano scarni riassunti in cui era posta in forma dubitativa l'identità del naufrago. Ma i racconti meravigliosi con cui quest'ultimo aveva illustrato (o camuffato?) le proprie peripezie si erano trasformati sotto la penna di

Bouverie in nuovi *divertissements* letterari. Gorghi fatali e piovre gigantesche presiedevano narrazioni marine memori del loro viaggio mediterraneo; l'episodio di Ulisse con le sirene veniva dapprima descritto come scena di pittura vascolare, poi trasformato in *tableau vivant* alla moda francese. A volte Nemi sembrava riprendere momenti dei loro dibattiti e delle loro sfide («Calipso è il luogo dove ti nascondi» era l'incipit di un breve testo), a volte preferiva proseguire quello strano cammino verso il passato che aveva confessato agli amici: l'episodio di Polifemo significava per lui un ritorno all'epoca della pastorizia, e l'incontro con Eolo dio dei venti era riscritto come appartenente a una fase ancora precedente, di cui era messo in rilievo il sistema endogamico (Dawkins ricordò che Nemi gliene aveva accennato: Eolo «aveva dato in spose le figlie ai figli» [x, v. 7]. Solo gli dèi e i faraoni» aveva concluso «avrebbero mantenuto il diritto all'incesto nei tempi nuovi che stavano sopravvenendo»).

Si riscosse dalla lettura; il medico era venuto a prendere congedo, promettendo di ritornare qualche ora dopo con pozioni e sanguisughe; era cerimonioso, rassicurante – il giovane Lord doveva esser lasciato tranquillo, coperto, in modo che gli umori nefasti uscissero con il sudore, oltre che con i frequenti salassi.

Il caldo non scemava, le mosche ronzavano. Uno dei domestici fu incaricato di tenerle lontano dall'infermo.

Uscendo dall'edificio, Dawkins incontrò Borra, che accorreva per avere notizie: un colpo di sole, un colpo di calore – gli rispose – del tutto inatteso. Bouverie era stato benissimo nei giorni precedenti, spavaldo e instancabile anche nella cavalcata di otto ore che, il 13 settembre, da Samsun li aveva portati fino a Orgoulic. La sera stessa, al momento in cui Dawkins riuniva il materiale per stendere il diario di bordo, gli aveva consegnato il suo quaderno con un'entusiastica menzione del sito da loro appena scoperto. Il quaderno era ancora lí, fra le carte di Dawkins, che lo aperse e ne mostrò l'ultima nota all'architetto:

> Sett. 13. La mattina dopo ci mettemmo in moto alle 7 circa, e quasi subito gli alti monti cominciarono a decrescere dando luogo a piacevoli colline coperte di pascoli, e in meno di un'ora di percorso, avanzando verso il Nord e poi girando a sinistra, giungemmo inaspettatamente alle rovinc di un'antica città mai menzionata da alcun viaggiatore[2].

«Pieno di entusiasmo, sí, ho visto» commentò Borra. Bouverie si era prodigato durante tutta la giornata seguente nell'esplorazione della città sconosciuta: lunghe file di colonne doriche, alti muri, un edificio imponente con uno splendido arco, poi un anfiteatro e infine la perfetta meraviglia di un tempio ionico dal fregio intatto. Nessun villaggio nei dintorni. Solo la bellezza incorrotta dei resti classici, dorati sotto il sole dorato. E, a cornice, la dolce, verde curva dei colli.

«Non si è concesso un momento di sosta» ripeté Borra. «L'idea di un sito nuovo, mai esplorato e cosí ricco di bei marmi l'ha entusiasmato: mi ha detto che vorrebbe proporre, per il santuario, il nome venerato e un tempo famoso di Diana Leucophrine». Scosse la testa, quasi corrucciato: «Tanto entusiasmo, tanta attività... E ieri il sole era terribile».

Il pomeriggio non sembrò portare cambiamenti; Bouverie ansimava, il medico ripassava zelante e facondo, il tempo permaneva caldo e umido.

A sera Dawkins ritornò nella camera, riprese il Taccuino di poesia per leggere le ultime scene dell'*Odissea* riscritte dall'amico. Sfogliò le pagine dedicate a Circe, che riprendevano le osservazioni fatte da Bouverie a Efeso; poi vide che la Nékyia era stata trasformata in un momento teatrale.

Come nell'*Odissea*, tutto aveva inizio con un sacrificio propiziatorio (Dawkins ricordò di aver citato l'etimologia di «tragedia» durante la conversazione a Palat: voleva ribadire che la versione data da Aristotele sull'origine del teatro era corroborata dall'origine di una precisa parola. Ma – pensò ora – in fondo non c'era contraddizione: l'animale immolato nella cerimonia di lutto poteva essere appunto un capro, il *tragos*). Nella riscrittura di Bouverie il sacrificio rendeva sacro uno spazio: quello deputato all'apparizione dell'attore che incarnava il morto. Alto sui coturni, il volto coperto da una maschera che ne travisava e moltiplicava il suono di voce, appariva un eroe della guerra troiana. Uno, e poi un altro. Ciascuno avanzava solo, nel campo fatto santo per la rievocazione, e ognuno trasformava in racconto il fulcro del proprio destino: Achille, l'ineluttabile scelta di gloria, Agamennone, l'indegna morte per mano della sposa. Ciascuno era solo; ma un coro di ombre si assiepava nello spazio ove il dolore si faceva parola, chiedendo di emergere dal silenzio dell'oltretomba.

In fondo alla pagina era annotata una citazione che Dawkins non seppe riconoscere: «L'immortalità non è vincolata agli dèi e il destino degli uomini si può spiegare soltanto con la tragedia».

Giunse la sera, e poi di nuovo una giornata di gran sole, e di nuovo una notte soffocante d'afa. Leggeri miglioramenti, leggeri peggioramenti del malato. Fiumi di discorsi del medico, il cui tronfio ottimismo faceva rimpiangere a tutti la ponderatezza clinica di Christopher (ah! fosse stato lí insieme con loro!). E ancora un altro giorno di pesante umidità, mentre dalle finestre li martellava un cielo giallo di sole – uno strano punto di giallo, che Borra definí «maligno».

Ancora una volta Dawkins passò nella camera di Bouverie, ancora una volta ne ascoltò l'ansimare, ancora una volta assistette al salasso che ne spegneva i tremiti convulsi. «Togliendo il sangue corrotto, si forma nuovo sangue puro» spiegava il medico «come in un pozzo, ove togliere l'acqua significa farne sgorgare di piú limpida e abbondante».

Ancora una volta si consultò con Wood, rispettò il silenzio accigliato di Borra, percorse Guzel Hissar alla ricerca di un'idea, una persona competente (ma nessuno avrebbe osato contraddire il medico del pasha), un consiglio. Ancora una volta rientrò nella stanza, osservò l'amico, si avvicinò al vano della finestra dove erano stati deposti gli oggetti di Nemi: un portafogli e una cintura in pelle bruna, il Taccuino di poesia che Dawkins aprí, questa volta, nel giusto senso, sentendosi indiscreto e disperato.

Appunti, versi, cancellature. Qualche nota era datata:

10 giugno. Il mare è vivo quando brilla il sole; uccelli di luce si posano sulle onde, di istante in istante, e volano via.

Qualche incipit gli era già noto («Era l'ora dell'ombra e dei profumi...») e lo condusse a rileggere con piacere il breve testo amoroso di cui ricordava l'origine. Qualche altro sembrava nascere dalle loro discussioni omeriche («Date al mio volto una maschera...») o meglio dalle ipotesi con cui Nemi aveva trasformato il poema in un viaggio verso un tempo inconoscibile. Qualche verso attendeva invano un seguito:

I popoli alati ritornano
e ritornano i doni della luce
ma sempre mi

Qualche testo si presentava completo, come l'ultimo, che Dawkins lesse rapido e poi rilesse lentamente:

Mi sono affacciato al tuo tempo
da un recinto di stelle
sono entrato nella tua casa
come fumo dal filo della porta
mi sono seduto sul tuo petto
la notte.

Ti parlo di chi è sepolto
o lasciato agli uccelli
o chiuso in un sacco di pelle
o messo a tutela del grano
o confitto come cuneo sulla soglia
o fatto immagine di legno
nei campi dove mieteva
o leggero come fumo nella forma
sottile che ogni giorno
è meno simile al ricordo.

Ti parlo di chi si assomma
a chi fu perduto

e ti preme alle spalle e ti incalza
fino ad avere un nome
a risplendere di calore e di terrore
a dirigere il tempo che vivi
dal suo tempo perduto.

Il testo doveva essere recentissimo: Dawkins vide a lato un appunto, forse per un titolo «Dai morti – il Dio», e pensò ai colloqui di Nemi sui rituali dei vari popoli. Poi si volse, uscí dalla stanza, chiamò Wood: «Domattina mandiamo qualcuno a Smirne, al nostro Consolato, oppure a Bashaw. Chiediamo un altro medico».

Era la sera del 18 settembre. Le notti degli usignoli erano lontane.

Da poco era passata la mezzanotte quando un servitore di Bouverie venne a chiamarlo: «È peggiorato». Si precipitò nella stanza dell'amico, altri giungevano in fretta. John Bouverie aveva la testa contro il braccio destro e rantolava.

Come avrebbe scritto Dawkins la mattina dopo:

> Mezz'ora dopo mezzanotte gli ripresero le convulsioni in tutta la loro violenza salvo il sangue dal naso. In breve non riuscí piú a parlare, ma senza perdere quella bella compostezza e serenità d'animo che lo caratterizzavano. Si spense all'una di notte. Quando entrai nella sua stanza, lo trovai che esalava l'ultimo respiro, ma con tutta la calma dignità che Shakespeare dipinge nella sua descrizione della Pazienza sopra un monumento.

Compagni, servitori, guardie entrarono e uscirono per un ultimo saluto. Rientrato nella sua stanza, Dawkins compilò lettere, accluse documenti, congedò il medico, si consultò con Wood sull'opportunità di coinvolgere il capitano Bashaw (no, bastava rivolgersi al console) e scelse il domestico che gli faceva da segretario particolare per accompagnare il corpo di Bouverie a Smirne: vi sarebbe stato sepolto. Loro sarebbero rimasti in loco aspettandone il ritorno.

Vide il piccolo convoglio lasciare Guzel Hissar (mai nome gli era sembrato cosí inappropriato: Bel Castello? cosa c'era di bello in quella cittadina rumorosa, da cui la spedizione sarebbe ripartita muta e priva di John?) e, con gli altri, riempí la giornata ispezionando le rovine sopra la collina, polemizzando nel diario di bordo con le riproduzioni proposte da Pococke e con le normative locali.

Rimasero a Guzel Hissar una settimana. Quando ripartirono per il previsto itinerario lungo il Meandro si accorsero che la camera di Bouverie era stata svuotata. Anche gli oggetti in pelle lasciati nel vano della finestra – portafoglio, cintura, Taccuino di poesia – erano scomparsi.

24. *Dalla nave* Matilda

Those Countries which produced Men who thought and acted in so superior a manner, Men who were wiser, braver, and perhaps better than any who have succeeded them, who did the greatest honour to Human Nature by their Virtues, and were great even in their vices, where Leonidas fought, where Plato taught and Homer sung[1].

ROBERT WOOD, manoscritto

25 dicembre 1750. «Decisamente gli dèi ci sono avversi» disse il capitano Puddie che, dopo tanti mesi di convivenza con i classicisti, ne stava adottando le formule. Cupo il cielo, contrario il vento: «Escludo che si possa far rotta per Atene».

L'autunno aveva visto la spedizione proseguire il «*longest jaunt*» nel cuore della valle del Meandro, ritrovare le meraviglie di Hierapolis, le iscrizioni di Aphrodisias, gli scavi compiuti dalla Società dei Dilettanti a Euromus.

Ritornati a bordo del *Matilda* a metà ottobre, si erano diretti verso l'Egitto, di cui non apprezzavano l'arte ma di cui Wood voleva completare i dati acquisiti nel precedente viaggio, in vista di una pubblicazione sulle piramidi. Le riunioni omeriche erano cessate. Torquilino – schivo come agli inizi del viaggio – si dedicava solo ai disegni, la cui successione scandiva gli scali a Rodi e ad Alessandria, le visite ai monumenti egizi, il soggiorno al Cairo. Anche Dawkins si era fatto piú silenzioso: aveva confermato il ruolo di Nunzio in biblioteca durante le loro assenze; ma i momenti di canzoni in mezzo ai libri erano un ricordo lontano. E Wood sembrava indulgere piú spesso a una sottile vena caustica.

Ora il ritorno al mondo greco: il *Matilda* li aspettava nel porto di Alessandria, pronto a salpare. Avrebbero iniziato il nuovo anno ad Atene, in compagnia di due amici scozzesi: James Stuart e Nicholas Revett – conosciuti a Roma in qualità di pittori e ora impegnati in una spedizione archeologica in Attica.

Il tempo purtroppo era pessimo. Da piú di una settimana Dawkins annotava nel diario: «In Egitto nebbia piú fitta di quanto ne abbia mai vista a Londra». Vollero ugualmente tentare, anche se Wood rimemorava, inquieto, la sua precedente traversata: «Nel '43, quando da Alessandria rientravo in Francia con tre mummie, ci fu una tempesta tale che i marinai alleggerirono il carico buttandomele a mare... che peccato! C'era quella di un bel cagnetto marrone, tipo bracco di Burgos, imbalsamato con la testa fra le zampe... E ci mettemmo cinquantun giorni per arrivare a Tolone. Piú del doppio del solito». Il suo pessimismo apparve presago: in breve la nave fu costretta a rifugiarsi nel porto di Haifa.

La riunione che si tenne il 25 dicembre segnò un cambiamento radicale di programma: avrebbero costeggiato il Mediterraneo sud-orientale, visitando la Terra Santa e risalendo poi lungo la costa siriaca. Di là avrebbero poi ripreso la rotta per Atene. Ma i due mesi di viaggio nei luoghi consacrati dalla tradizione religiosa (da Nazareth al lago di Tiberiade, da Gerusalemme a Betlemme) furono registrati nei diari con formule costantemente negative. Rischi di aggressioni da parte di predoni arabi, stato spaventoso delle strade («*very romantick & unpleasant*», secondo il sarcastico diario di Wood), pesanti disagi quotidiani, salvo nell'ospitale Convento del Monte Carmelo, dove finirono per ritornare. Anche la richiesta di autorizzazione a raggiungere Damasco da Beirut con la carovaniera fu invano trasmessa a diverse autorità: dovettero affrontare il percorso piú pericoloso, attraverso «innumerevoli» colline infestate di briganti.

Arrivarono finalmente a Damasco; dedicarono alcuni giorni a ulteriori Luoghi Santi e osservarono come l'antica cattedrale fosse stata trasformata nella Grande Moschea («mutilata al gusto turco, ma non snaturata quanto l'ha fatto Pococke nel suo disegno»). La battuta, consegnata al diario di bordo da un Dawkins solitamente generoso nella valutazione degli sforzi compiuti dal suo compatriota, mostrava la delusione di quei mesi: pericoli, fatiche, trattative estenuanti e ben pochi ritrovamenti di resti classici. Fu la delusione e una condivisa insofferenza a rafforzare l'ipotesi di una deviazione nel deserto, che sapevano rischiosa nel percorso e incerta nell'esito. Ma a Oxford gli orientalisti discutevano con ammirazione i risultati – pur parziali – ottenuti mezzo secolo prima dai tentativi di alcuni compatrioti, di cui erano testimonianza pagine di resoconti nelle *Philosophical Transactions* e un'oblunga «Vista delle rovine di Palmira ovvero Tadmor» che faceva sognare (o forse era proprio il prodotto di un sogno).

Palmira: che cosa era rimasto della favolosa città sede di una favolosa sovrana cosí potente da opporsi all'Impero romano? Una tappa nel percorso di poche carovane, si diceva a Damasco, ove il nome della regina Zenobia suonava ignoto.

Il luogo era talmente fuori dalle piste che – come scoprirono – né la protezione del sultano né quella del pasha di Damasco potevano assicurare loro qualche sicurezza. Un addetto consolare consigliò infine a Dawkins di indirizzarsi all'aga di Hassia la cui giurisdizione si estendeva teoricamente fino a quell'oasi. Le perplessità dei loro interlocutori erano evidenti; ma gli inglesi erano nervosi, delusi e decisi. Si organizzarono: il 6 marzo cominciò l'avventura nel deserto.

Quattro giorni di cavalcata da Damasco: ed ecco il villaggio dell'aga, e l'accoglienza ospitale dell'aga stesso, stupefatto delle richieste (gli unici interessati a passare per l'oasi di Palmira erano i mercanti di sale; gli stranieri volevano andare nella città morta solo per... vederla?) ma ben disposto a cooperare. Avrebbe concesso loro un'ampia scorta di cavalieri armati di fucili e di picche. Ripartirono, traversarono villaggi di fango, ripartirono ancora, mentre i cavalieri si esibivano in corse sfrenate e giostre simulate «al modo dei Tartari o degli Ussari». Di giorno la spedizione era animata dalle prodezze equestri dei loro accompagnatori (e da qualche allarme che il diffidente Wood sospettò enfatizzato a bella posta); la sera gli Arabi della guardia «gustando caffè e tabacco [...] sedevano in circolo, e uno della compagnia intratteneva gli altri con canzoni o storie, che parlavano di amore o di guerra, a volte improvvisando».

Poi il deserto si fece insostenibile, mentre appariva sempre piú difficile coordinare la carovana, a cui si erano aggiunti i mercanti damasceni di sale che profittavano della scorta della spedizione per andare a Palmira. Erano piú di duecento quando affrontarono le ultime tappe, «con altrettanti animali da soma: un misto di cavalli, cammelli, muli e asini». A causa del gran numero e del difficile coordinamento, il 13 mattina partirono tardi; dovettero viaggiare nelle ore piú calde, continuarono fino a mezzanotte, ripartirono dopo una sosta di due ore. Continuarono la notte e il giorno dopo, ininterrottamente, procedendo pazienti anche sotto il sole di mezzogiorno.

Nel primo pomeriggio la piana desertica si corrugò in due file di colli che si congiungevano in un valico. Vi si affacciarono, smontando da cavallo, e d'improvviso apparve loro «la piú grande quantità di rovine che mai avessimo visto, tutte di marmo candido»: Palmira.

La scena che Wood colloca alle ore 14 del 14 marzo 1751 sarebbe divenuta un quadro. Mentre *The Ruins of Palmyra: otherwise Tedmor, in the Desart* uscito in contemporanea a Londra e a Parigi (1753), riappariva in quelle edizioni pirata che erano la miglior testimonianza del successo di un libro (1757), un pittore-archeologo scozzese, Gavin Hamilton, si apprestava a dipingere *John Dawkins e Robert Wood scoprono le rovine di Palmira.* Possiamo ammirare il quadro nella National Gallery of Scotland, lo possiamo veder riprodotto in molti libri sulle scoperte piú famose dell'archeologia: è un momento di trionfo.

Alti, statuari, avvolti in bianche vesti che alludono a toghe romane piú che a caftani o a gandure, Dawkins e Wood sono al centro della scena. Il primo, che calza gli stivali gialli dei potentati musulmani, indica con la destra lo splendore dello spettacolo al centro dal varco: è una scenografia di archi, colonne possenti e marmi dorati, memore dei bei disegni di Borra che avevano fatto la fortuna del libro. Intorno tutto è materiato d'ombra: tronchi di palma e frammenti architettonici, cavalli e cavalieri, cammello e staffiere, persino Torquilino che disegna inturbantato e imbozzolato in un manto verde spento. È un trionfo che fa scoprire al mondo Palmira: la città non sarà piú dimenticata. Rinascerà anzi, non nella monumentalità della lunga strada colonnata, aperta al centro da un grande arco e nobilmente ripresa dai passaggi laterali, ma nei particolari di un soffitto, nella decorazione di una stanza, nel disegno di un palazzo nobiliare in Occidente.

Per diversi giorni operarono in luogo, ammirando, misurando, disegnando su fogli che si collegavano in larghezza, scegliendo quali marmi portare con sé. La scorta armata era prova che avevano la protezione dell'aga. Pur dispiaciuti, gli abitanti delle capanne sorte nel cortile del grande tempio di Bel (uomini dal corpo robusto, donne dai polpastrelli dipinti di rosso, dalle labbra colorate di blu, con anelli d'oro al naso e alle orecchie) non osarono opporsi alle asportazioni. Raccontarono anzi dell'emiro giustiziato dal pasha di Aleppo per aver derubato un viaggiatore inglese: era una vecchia storia, e ne era nata una canzone.

E poi ci fu Baalbeck, un altro trionfo, e infine il ritorno al *Matilda*; e di nuovo il mare.

Nessuna risposta da San Pietroburgo li attendeva al Consolato inglese di Atene: neppure si avevano notizie del ritorno del mercante greco a cui avevano affidato le lettere; sperarono in un messaggio al loro approdo a Napoli. Percorsero intanto l'Attica e la Beozia in compagnia dei «pittori-archeologi» a cui l'aiuto finanziario e il prestigio personale di Dawkins avrebbe permesso di pubblicare *Antiquities of Athens* (1762). Una tavola del primo volume mostra Jamaica abbigliato all'inglese in compagnia dei due artisti in abiti locali, di fronte a un monumento; un giannizzero prepara il caffè, un pastorello sorveglia le capre. Curiosamente, a seconda delle edizioni, vi appare o meno anche Wood (cosí competente ma socialmente poco importante) in atto di copiare un'iscrizione.

Il 7 giugno si reimbarcarono al Pireo. Nessun messaggio li attendeva a Napoli, a Gibilterra né a Londra. Forse avrebbero potuto rallegrarsi quando pervenne la notizia che la nuova zarina, Caterina di Russia, aveva deciso di farsi praticare l'inoculazione: poteva essere il frutto dell'influenza di un medico di corte, forse uno scozzese partigiano del controverso ma efficace metodo di prevenzione del vaiolo... Ma era ormai il 1758, James Dawkins, rientrato in Giamaica, vi era morto l'anno prima; era in suo ricordo che il fratello minore aveva fatto eseguire a Gavin Hamilton il grande quadro.

Wood, consegnati i testi dei libri su Palmira e Baalbeck, programmato un futuro saggio su Omero, era ripartito per l'Italia, nel suo ruolo di accompagnatore per il Grand Tour di un ricchissimo aristocratico. Al ritorno, lo attendeva una lunga carriera politica, con funzioni in area inglese e irlandese. Si fece il suo nome anche per il ruolo di segretario del Lord Luogotenente d'Irlanda, ma questi lo rifiutò deprecandone i «mediocri natali».

Borra sarebbe rimasto in Inghilterra quattro anni: dapprima c'era stata la preparazione dei lavori per la stampa dei libri, che furono affidati ai migliori incisori londinesi (*The Ruins of Palmyra* e *The Ruins of Balbec* apparvero con tavole di esemplare accuratezza tipografica e spesso di inusitata larghezza, con fogli da ripiegare in piú parti), poi ci furono le commesse nobiliari rivolte all'architetto. Ma sarebbe infine ritornato in Piemonte, aureolato della rinomanza acquisita. Gli anni scorrevano troppo veloci – aveva deciso un pomeriggio d'estate, fissando lo specchio d'acqua nella tenuta di Stowe, dove operava da tempo, modificando padiglioni e innalzando nuovi edifici. Veloci come le acque limpide dei torrenti di montagna, non ferme come quel lago o lente come il Tamigi. Pensò al Po, in un tratto torinese presso cui soleva recarsi da studente. Sí, sarebbe ritornato a lavorare in patria. (Fors'anche avrebbe potuto tenere per sé quel mirabile patrimonio di disegni, frutto del viaggio sul mare di Ulisse.)

Gli anni scorrevano come acqua di torrente anche a Napoli, dove erano sbarcati nel 1751 due marinai felici: il «ringraziamento» di James Dawkins per il loro impegno nella biblioteca aveva superato le piú rosee previsioni. Nunzio apprese la pubblicazione dell'*Essay on the Original Genius and Writings of Homer* (Londra 1767) due anni dopo, quando il saggio uscí in un'edizione piú accessibile, che ne decretò il successo. La notizia gli arrivò nella tipografia di cui era divenuto comproprietario, e grazie ai cui introiti aiutava la numerosa famiglia d'origine. A differenza di Tonino, non si era sposato. Ma aveva intorno abbastanza nipoti a cui ripetere come un mantra le parole che gli ricordavano John Bouverie:

Me voglio fa' 'na casa 'mmiezz'o mare
fravecata de penne de pavune…

A lungo – prima che si sminuzzasse in un lavaggio – aveva tenuto nel taschino, come portafortuna, «'a cartusciella» dove il giovane ridente gli aveva scritto due righe in francese

Je veux me faire une maison dans la mer
bâtie de plumes de paon et d'écumes…

e disegnato un pavone che faceva la ruota. Gli doveva molto, lo sapeva. Non solo il ruolo nella biblioteca del *Matilda*, ma la considerazione in cui tutti lo avevano tenuto durante il viaggio, in ricordo della simpatia che Bouverie era solito dimostrargli. Ora il ricordo gli sembrava affidato tutto a quei versi scherzosi, che nella sua bocca erano diventati un intercalare:

Me voglio fa' 'na casa 'mmiezz'o mare
fravecata de penne de pavune…

Li citava allegro quando gli arrivava un pagamento, e un po' ironico quando lo sollecitava.

La frase divenne parte del lessico famigliare, uscí dalla famiglia; rimase a vagabondare nel vicolo, fu spinta in su e giú fra le scalinatelle, girò l'angolo. E un giorno si vestí di musica e divenne canzone.

Nota al testo

> Τόνδε δέ με πρώτιστα θεαὶ πρὸς μῦθον ἔειπον,
> Μοῦσαι Ὀλυμπιάδες, κοῦραι Διὸς αἰγιόχοιο·[...]
> «ἴδμεν ψεύδεα πολλὰ λέγειν ἐτύμοισιν ὁμοῖα,
> ἴδμεν δ' εὖτ' ἐθέλωμεν ἀληθέα γηρύσασθαι»[1].
>
> ESIODO, *Teogonia*

La spedizione di John Bouverie, James Dawkins, Robert Wood e Giovanni Battista Borra ebbe luogo negli anni 1750-1751. Al ritorno, a cura di Robert Wood e a spese di James Dawkins, furono pubblicati *The Ruins of Palmyra: otherwise Tedmor, in the Desart* (London 1753) e *The Ruins of Balbec, otherwise Heliopolis in Coelosyria* (London 1757), volumi che ebbero un'immediata eco internazionale, stimolata dal crescente interesse per le scoperte archeologiche. Anche *A Comparative View of the Ancient and Present State of the Troade. To which is Prefixed an Essay on the Original Genius and Writings of Homer* (London 1767) apparve grazie al contributo di Dawkins; anch'esso fu tradotto in piú lingue e letto con grande interesse, esercitando un'indubbia influenza sugli studi omerici. Alla morte di Wood, note e ulteriori suoi progetti rimasero inediti, per essere riscoperti alla fine degli anni Venti, quando i manoscritti furono consegnati alla Society for the Promotion of Hellenic Studies che ne diede un ottimo resoconto nel *Journal of Hellenic Studies* (1927, vol. 47, part 1) ad opera di C.A.

Hutton, mentre uno studioso dell'Università di St. Andrews ne faceva oggetto della sua tesi dottorale (J. Moncour, *The Life and Work of Palmyra Wood*, University of St. Andrews, 1928). I documenti, ora conservati alla Hellenic and Roman Library di Londra, sono stati la base del recentissimo *The Life and Work of Robert Wood* di R. Finnegan e L. Mulvin (Oxford 2022).

In questo testo sono stati rispettati tutti i dati esterni relativi alla spedizione nel Mediterraneo (calendario, itinerario, scoperte archeologiche) quali appaiono dai diari personali dei tre inglesi o dalla sintesi offerta nel diario di bordo steso da James Dawkins; da questi manoscritti, salvo altra indicazione, sono tratte tutte le note dei viaggiatori qui riportate, in inglese o in mia traduzione.

Per le indicazioni delle fonti archivistiche relative a Torquilino – soprannome attestato nei diari di bordo, come pure quello di Jamaica – si veda *Giovanni Battista Borra: da Palmira a Racconigi* (a cura di G. Dardanello), Torino 2013.

Alcuni incontri durante la spedizione sono testimoniati nei diari: quelli con i membri dei corpi diplomatici o con il capitano Bashaw (un inglese di nome John Dangerous passato al servizio del sultano e oggetto, nell'Ottocento, anche di biografie romanzate).

Nascono invece dalla mia penna caratteri, vocazioni letterarie o discussioni ermeneutiche dei quattro protagonisti, dialoghi, documenti come l'epistolario e il Taccuino di poesia di John Bouverie, nonché personaggi quali i Maitland (alla cui penna sono attribuiti alcuni *poèmes en prose*), Lady Hester Sherard, il colonnello Ščerbakov, l'*ozan* e i due marinai napoletani (tributo – milanese – a una città molto amata).

L'ipotesi scherzosa della falsa agnizione di Ulisse era stata da me presentata come relazione al Convegno «Riconoscere l'altro» (Torino, 4-5 ottobre 2019), i cui atti sono stati pubblicati a cura di Stefano Candellieri e Dario Favero (*Riconoscere l'altro. Teoria e Clinica*, Milano 2021); qui ne viene proposto un ampliamento in forma di sinossi del poema.

La versione italiana qui citata dell'*Odissea* è di Guido Paduano. I pochi versi dell'*Iliade* sono da me tradotti e attribuiti ai due gentiluomini inglesi.

Note

Invito al viaggio

1. R. Wood, Prefazione a *The Ruins of Palmyra: otherwise Tedmor, in the Desart*, London 1753, s.p. (qui come di seguito, ove non indicato diversamente, mia traduzione).

1. Dalla nave Matilda

1. La nostra nave *Matilda* di circa 160 tonnellate, comandante Richard Puddie, ci ha raggiunto a Napoli alla fine di aprile. Abbiamo ritenuto necessarie alcune sistemazioni aggiuntive, e questo ci ha trattenuti in loco fino a martedí 5 maggio 1750 (calendario gregoriano), quando [...] siamo salpati da lí alle sette di sera con il favore di una bella brezza.
2. R. Wood, *Essay on the Original Genius and Writings of Homer: With a Comparative View of The Ancient and Present State of the Troade*, London 1775, pp. X-XII.

2. Dalla nave Matilda *attraverso lo stretto di Messina*

1. Ci siamo imbarcati a Napoli in primavera. La nostra nave aveva portato da Londra una biblioteca composta principalmente dei libri di tutti gli storici e poeti greci, alcuni libri di antichità, i migliori scrittori di viaggi, gli strumenti matematici che ritenevamo necessari, e quegli oggetti che avrebbero potuto essere regali appropriati per i maggiorenti turchi.

3. Dalla nave Matilda

1. Pangur Ban ed io al lavoro, / adepti, uguali, gatto e chierico: / l'istinto che lo domina è quello di cacciare, / il mio di liberare il senso imprigionato.

2. R. Wood, *Essay on the Original Genius and Writings of Homer*, cit., p. 26.
3. R. Wood, *The Ruins of Palmyra*, cit., s.p.
4. R. Wood, note di viaggio, poi riprese in *Essay on the Original Genius and Writings of Homer*, cit., p. 22.
5. Ivi, p. 17.

4. Dalla nave Matilda *all'altezza di Creta*

1. Lancia: pane impastato; lancia: vino d'Ismaro / per me. Lancia: mio letto conviviale (traduzione di F.M. Pontani). Simili i versi con cui, nel Settecento, il *kapetan* Vassilios Romfèis presenta la sua vita fra uomini d'arme pro e poi contro i Turchi: «Per quarant'anni sono stato *armatolòs* e *klèftis* / con la mano per cuscino, la mia spada per giaciglio / e al mio fianco un fucile a darmi la sveglia».
2. G. Vico, *La Scienza Nuova 1744*, Laboratorio dell'ISPF – CNR, XII, 2015, p. 208.

5. Dalla nave Matilda

1. *Et infra*: R. Wood, *Essay on the Original Genius and Writings of Homer*, cit., p. 84.
2. *Et infra*: G. Vico, *op. cit.*, p. 263 e p. 272.
3. *Et infra*: G. Vico, *op. cit.*, p. 104.

7. Dalla nave Matilda *e poi da Smirne*

1. 18 maggio. Abbiamo atteso il signor Cawley, nostro console ecc. e ci siamo fatti una risata ricevendo i complimenti degli altri consoli. Sono cosí ridicolmente assurdi da credere di essersi guadagnati una visita perché hanno inviato un dragomanno mascalzone piuttosto che un valletto. Ma prevalgono qui tra i Franchi tali formalità che, se adottate, sarebbero molto fastidiose per un viaggiatore.
2. La scoperta del metodo empirico che si trasformerà nella pratica medica della vaccinazione è raccontata da Jacopo Pilarino in *Nova et tuta Variolas Excitandi per Transplantationem Methodus*, Venezia 1715 (cfr. M.T. Giaveri, *Lady Montagu e il Dragomanno. Viaggio avventuroso alle origini dei vaccini*, Neri Pozza, Vicenza 2021).
3. M.T. Giaveri, *Lady Montagu e il Dragomanno*, cit., p. 118.

8. Da Sardi e da Pergamo

1. D'Écate la sorella, Artemide cantami, o Musa, / che con Apollo crebbe, la vergine vaga di frecce, / che, poi che nel Meléto coperto di giunchi i corsieri / tuffò, l'aureo cocchio dirige veloce su Smirne (traduzione di E. Romagnoli).

9. Dalla nave Matilda *ormeggiata a Çanderli*

1. *Il pregiudizio smascherato da un pittore* è una raccolta di versi in difesa

dell'arte piemontese, opera del pittore Ignazio Nepote, pubblicato anonimo a Venezia nel 1770.
2. Bugiardo come un marsigliese.
3. Celebre incipit di Saffo: «Tramontata è la luna / e le Pleiadi» (traduzione di S. Quasimodo).

10. Dalla nave Matilda *che risale la costa turca*
1. Protagonista di una commedia di grande successo, *La Verdad Sospechosa* di Juan Ruiz de Alarcón y Mendoza; ne circolavano varianti paesane nelle fiere.

11. Dalla nave Matilda *all'altezza dei Dardanelli*
1. La passione amorosa [...] era sconosciuta ai loro costumi. [...] La pudica e la civetta sono lontanissime dall'esperienza di Omero: che una regale bellezza sia intenta ai piú umili lavori domestici [come fare il bucato] sottolinea quanto si sia lontani dalle sottili attenzioni della moderna galanteria.

12. Dalla nave Matilda *nel Mar di Marmara*
1. Vent'anni per tornare a casa? / Un uomo trova i propri naufragi, / si racconta le storie necessarie (traduzione di M.F. Solari e L. Fabbri).
2. Torri Saint-Christophe, Saint-Jaume e Maugovert; il nome del castello marsigliese non sarebbe dovuto alla presenza di alcun tasso *(If)* ma al suo primitivo nome greco: *hypos*, «isoletta».
3. Queste terre d'Italia e questa riva / vêr noi volta e vicina a liti nostri / è tutta da' nemici e da' malvagi / Greci abitata e colta; e però lunge / fuggi da loro. I Locri di Narizia / qui si posaro; e qui ne' Salentini / i suoi Cretesi Idomenèo condusse / qui Filottete il Melibéo campione / la piccioletta sua Petilia eresse (Virgilo, *Eneide*, III, vv. 396-402. Traduzione di A. Caro).

13. Dalla nave Matilda *di fronte a Costantinopoli*
1. Credo fermamente che, se Santa Sofia fosse a Roma, nessun viaggiatore, salvo un tedesco, vi entrerebbe.

14. Dalla nave Matilda *di fronte a Costantinopoli*
1. Come per *polytropos*, molte sono le traduzioni proposte a *polymetis*: avveduto, pieno di senno, scaltro, ingegnoso, ricco di espedienti, dai molti saperi.

15. Dalla Troade
1. Quella specie di entusiasmo, che appartiene a una società in cui – con Omero per guida e Bouverie e Dawkins per compagni di viaggio – potevi godere le bellezze del primo fra i poeti in compagnia dei tuoi amici migliori. [...] Quei giorni felici che trascorremmo insieme, a esaminare l'*Iliade* nella pianura dello Scamandro e a rintracciare Ulisse e Telemaco attraverso le varie scene delle loro avventure, l'*Odissea* alla mano.

16. Dalla nave Matilda *di fronte alla costa turca*

1. *Viaggi di Pietro della Valle, il Pellegrino, descritti da Lui medesimo in Lettere Familiari all'erudito suo Amico Mario Schipano, Divisi in tre parti, cioè la Turchia, la Persia e l'India*: pubblicati a Roma nel 1650, i due volumi presentano un ampio resoconto del percorso compiuto dal 1614 al 1626 dallo scrittore-musicista-esploratore della famiglia romana Della Valle.
2. Per festeggiare «il nuovo incontro» viene chiesto al cuoco francese di «prevedere piatti arabi e genovesi, inglesi e naturalmente francesi».

17. Dalla nave Matilda *e poi da Efeso*

1. Ecco tutti i ruoli che [gli uomini] ci riservano: a noi [donne] che li abbiamo dirozzati, resi civili, abbiamo corretto la ferocia della loro indole; a noi, senza cui la Terra non sarebbe che una dimora di selvaggi immeritevoli del nome di uomini.
La commedi *La Nuova Colonia*, rappresentata anni prima senza successo, fu ripresa, trasformata in atto unico e pubblicata a Parigi da Pierre de Marivaux nel 1750.
2. A nessuno sia accordata facoltà di compiere riti sacrificali, nessuno si aggiri attorno ai templi, nessuno volga lo sguardo verso i santuari.
3. *Iliade*, XXI, v. 471.
4. *Et infra*: «Ma chi ha inventato la ceramica e la tessitura, secondo lei? Ma chi ha reso civile l'umano consesso?» «Le donne... erano le sacerdotesse, erano le dee».

18. Dalla nave Matilda *presso Samo*

1. O sole che menti la morte. [...] / Facesti che i cuori ignorassero / tu, inganno supremo, quel vero: / che è l'universo un difetto / soltanto, nel puro Non-Essere.

19. Dalle prode del Meandro e dalla nave Matilda

1. *Inferno*, canto XIV, vv. 94-99.
2. Perché già una volta io fui fanciullo e fanciulla / e arbusto e uccello / e pesce muto che guizza fuori dal mare (traduzione di I. Ramelli e A. Tonelli).
3. G. Vico, *op. cit.*, p. 323.
4. G. Vico, *op. cit.*, p. 284 e p. 280.

20. Dalla nave Matilda

1. L'universo (che altri chiama la Biblioteca) si compone d'un numero indefinito, e forse infinito, di gallerie esagonali, con vasti pozzi di ventilazione nel mezzo, bordati di basse ringhiere (traduzione di F. Lucentini).
2. Vorrei farmi una casa in mezzo al mare / costruita con piume di pavone e schiume...
3. *Et infra*: *Il libro di Dede Korkut* (a cura d F. Salomoni, prefazione di G. Bellingeri), Aquilegia Edizioni, Desio 2008, pp. 172-175.

4. Ivi, p. 218.
5. «Ma dove sono le nevi di un tempo?», François Villon, *Ballade des Dames du Temps jadis*, Pierre Levet, Parigi 1489.

21. Da Palat e dalla nave Matilda
1. Se quest'ombre v'han noiato, / Dite (e tutto è rimediato) / Che, in un sonno pien di larve, / Tal visione qui v'apparve (traduzione di G. Celenza).

22. Presso le mura di Samsun
1. La loro avversione per un Governo regolare, il loro genio per guerra, saccheggio e pirateria (Robert Wood, manoscritto relativo ai propri viaggi nel Mediterraneo, datato 1742).

23. Da Guzel Hissar
1. Quando il sole avrà acceso l'ardore meridiano. (Attorno a quell'ora si mostra la volontà divina. Servio, *Commento ad Georg.*).
2. Il sito fu poi portato alla luce dalla Società dei Dilettanti (1812) e identificato da W.R. Hamilton come Magnesia ad Maeandrum (1893). Il tempio i cui resti erano stati esplorati da Bouverie fu riconosciuto come il santuario di Diana Leucophrine.

24. Dalla nave Matilda
1. Quei Paesi che hanno prodotto uomini che pensavano e agivano in modo così alto, uomini che erano più saggi, più coraggiosi e forse migliori di tutti quelli che sono loro succeduti, che hanno reso massimo onore alla Natura Umana con le loro virtù, ed erano grandi persino nei loro vizi: i Paesi dove Leonida combatté, dove insegnò Platone e Omero cantò (Robert Wood, manoscritto relativo a un progetto di prefazione per un libro di viaggi).

Nota al testo
1. Questo discorso, per primo, a me rivolsero le dee, / le Muse d'Olimpo, figlie di Zeus egíoco. / [...] «Noi sappiamo dire molte menzogne simili al vero, /ma sappiamo, quando vogliamo, cose vere cantare» (traduzione di G. Arrighetti).

Questo libro è stampato col sole

Fabbricato da Grafica Veneta S.p.A. con un processo di stampa e rilegatura
certificato 100% carbon neutral in accordo con PAS 2060 BSI

Stampato per conto di Neri Pozza Editore
da Grafica Veneta S.p.a., via Malcanton 2, Trebaseleghe (PD)
nel mese di dicembre 2022
Printed in Italy